《蘇州全書》編纂出版委員會 編

·皇明臣略纂聞

蘇州全書

甲編

蘇州大學出版社
古吳軒出版社

皇明臣畧纂聞卷之六

江西右叅議前湖廣督學使常熟瞿汝說輯

兵事類

討

宣德二年，西戎叛，圍茂州，城中老弱不及二千。時殷序爲蜀右使，馳往守之，隨方拒敵，募善泅者齎臘丸書，趣大兵來救。賊退聚山顛，累石爲硐房以自固。序命軍士積薪山麓，縱火焚之，烟焰漲天。賊困，皆投下，生擒二千餘人，餘衆悉降，諭而遣之。宣德都督山公雲宣德初鎮廣西廣西溪峒猺獞叛服不常公率兵討之賊輕視公悉力迎敵公一鼓破之賊退保山巔山皆險峻草木蒙密賊以木掛于藤壘石其上官軍至輒斷藤木石交下無敢近者公營山下于夜半束火牛羊之角而縱之賊謂官軍至矣亟斷藤比明木石皆盡官軍鼓譟登山遂破賊壘斬首數萬級招降并還所掠甚衆乃增築四城九堡傳舍九十餘區以鎮要害南安廣源栁濤平樂慶遠諸蠻悉討平之自是終公之世嶺南無警公沈毅不洩廉正自持馭諸土官專厲威

嚴刻期征調無敢先後常對副裨曰雲以指揮使從
太祖征迤北及膺今上簡命平西寇他無過人者惟秋
毫無犯敢自信耳宣德
程都御史富以御史按江西時樂安永豐新淦三邑間
有山大盤頑民曾子良聚衆數萬猖獗甚有司不能制
或謂宜招諭以安之公曰招諭云者宜施于寇盜窮蹙
之日今賊焰方熾安肯輸服稍緩燎原爲患不淺此宜
急擊時都司缺軍檄長河都指揮吳堅領兵討之更調
吉兵鳩民壯躬率抵賊境爲援一鼓殲之擣其巢俘其

衆審放平民千餘人一郡寧謐宣德

福建鄧茂七作亂寧陽侯陳懋率師往討之至浙江有欲分兵守海口者公曰如此。是絶其生路。則爲效寇矣。不從明年春師次建寧有欲屠沙尤二縣者公曰如此則益堅寇心矣乃下令諭之俾各復業能斬賊首者官賞與王師同于是降者日衆公曰賊勢已孤。無能爲也。迺五路進兵一鼓而收之正統

沙縣賊鄧茂七反八閩相挺爲變　詔都督劉聚討之以御史張公楷爲監軍公既取道榜踰軍無鹵掠民無

怯避所過肅然師次鉛山聞賊圍將樂遣將倍日并行乘夜襲之賊潰退保陳山次建寧招降散去賊黨十七八獨茂七負固用其降將羅汝先誘之出攻延平公乃集諸將授計令浙兵伏後坪江西兵伏後洋南京兵伏沙溪南而以福建兵素爲賊所易者挑之賊果出戰有項伏起合擊大破之先命都指揮雍埜陰置火器船泊溪北灣賊敗走者約五萬人果從溪南奪橋渡船上火齊發死者萬計而官兵急追之茂七於亂鎗中指揮劉福斬取其首時　朝廷慮賊衆兵寡復遣寧陽侯陳懋

至而茂七已誅，惟餘寇未殄，乃與公分地伐之。公發延平，賊遮後洋道，公乃舟師逆之，而劉聚兵潛遶賊背，夾攻之，至前洋，停殺無筭，遂乘勝攻石門，襲王臺舘，直入邵武，取峽陽，鏖十九都，皆拔之。最後營觀音山下，溪西有山曰九龍，兩山之巔皆賊寨。師至巳曛黑，卽遣卒五百人，人持二燎，圍山走達旦，以懾賊。遴精鋭三千，持勁弩巨砲，分伏觀音麓。復遣兵二千，駕舟入九龍峽，撤其筏。誡曰：明日賊必空寨攻我，若疾入其寨反攻之。比旦，賊視我營兵少，意輕之，果空寨下，至溪無筏不得渡，而還向所遣二千兵已據其寨盡發其滚木檑石下殪之衆者以萬數觀音山遂平始處州賊葉宗留與茂七同起宗留死陳鑑胡繼之都督僉事徐恭討而未克勅公旋師犄角之至金華聞徐兵次金山公即倍道進援至則伐竹製鴨兒笆三百五十面人竊笑之而賊用長戟其鋒不可犯遇賊輒樹笆爲壘戟入即不復出公謂賊曰鼠狗賊汝不知我斬鄧茂七耶趣降否必虀粉汝賊落膽去公策其復至豫部署以待明旦賊果悉衆來索戰公親督陳中乃佯北賊追逼壘壘中樹大赤旗伏

兵起合擊斬賊無算賊前突者鴨兒笆格之奪其戟賊皆赤手走遂俘鑑胡餘皆降正統

處州賊葉宗留反其黨周明松等四出剽掠　朝廷慮其與閩寇合遣御史朱公英與中官分守要地公榜諭脅從示以禍福降者甚衆又以計生致明松等數人械於慶元諜報賊衆三萬來刧明松等中官大懼欲走公不可即令所司誅明松等尸于市賊聞之逡巡遁去官軍執脅從者欲盡戮之公曰良民也諭而遣之又別置一營以處被掠女婦兵罷訪其家歸焉正統

侯公璡以兵部侍郎鎮雲南築騰衝城置軍衛時賊子思機發在孟養朝命王驥以兵勦之公與都督張軏分軍抵金沙江造船先濟奪賊地爲營于是大軍畢渡燬其柵而進賊不支鳥獸散去公窮追至孟糯海子等處不可得乃班師諸夷酋長皆震駭曰自古漢人無渡金沙者此眞天威也貴州饑苗叛攻圍新添諸衛道梗不通城中食盡命公往征之時普定圍急公自雲南選善射者爲前鋒自將至普定疾戰矢下如雨賊大敗圍解遂趍貴州與都督田禮兵會克龍里壅城羊腸諸圍俱

解。正統

黄襄敏公鎡以御史按貴州時麓川蠻反貴道梗公躬率精鋭轉戰而前時列城皆被圍而平越尤急議者以平越無積貯欲棄委賊公獨不可平越貴咽喉無平越是無貴也乃集城中軍民檄苗共守之賊日夜攻圍人乏食至掘鼠羅雀烹人屍以食公多方撫諭賑濟人無叛心乃以竹筒密疏於朝調官軍項背夾攻賊潰方解圍蓋九閲月當是時微公貴幾殆。正統

定西侯蔣貴勦麓川賊思任發斬首十餘萬賊遁走緬

甸、公與尚書王驥下緬取賊、時緬人數報送至、而潛以金樓船載賊、離五十里而不至、尚書謂公曰、此紿我也。過江則絕我歸路。且瘴癘將發。不乘此剪之。可乎。於是誘緬人聽賞、公則往焚其舟、大戰一晝夜、其賊首已先遁去、盡俘其妻孥象馬以還、破其寨二百餘處、夷遂平、正統

麓川思任發叛、王尚書驥總軍務討之、公馳傳至雲南、而平蠻將軍蔣貴副將軍李安劉聚等、兵皆集、遂部署至金齒、分三道擣上江、因風焚其排柵、乘勢力戰、斬首

五萬賊退走保險拒我我兵深入破連環七砦于沙木籠山又破其象陣馬鞍山思任發遁而是時維摩州賊韋郎羅稱廣新王以叛　詔旋師討之公曰此不足血吾刃也乃遣偏師壓其境曰王尚書大兵至矣賊皆潰韋郎羅走安南傳檄捕之安南王懼斬其首并妻子來獻廣南富州土守交惡十餘年不解公諭之立釋搆

命師旋封靖遠伯正統

黄侍郎琛爲江西布政時會洞寇朱紹綱叛閩臬諸重臣議據其要害俟其出而擊之琛曰賊所恃者山谿之

險爾安知所謂戰耶爲今之計若乘其勢之未熾掩其不備直擣巢穴可繫頸而致矣我師一緩則養彼之强悍幾事害成斯之謂也衆意决遂率師以行夜二鼓破其壘俘紹綱餘黨悉平景泰

汪都御史浩僉蜀臬蜀山川險絶民雜夷多盗有司畏愞莫敢問幸　朝廷遠聲息不旦夕聞相與欺謾冀盗飽且散則已踵爲故常公奮曰吾輩受　朝廷付托乃恬然坐視羣盗爲民蠹賊不愧耶因選卒厲兵躬出入險阻捕斬之天澗溝花溪等賊數千人悉以次就擒公

遂奉　命撫蜀戎縣大垻苗蠻又相扇起朝廷謂不
一大屠剪蜀賊終不畏乃命襄城伯李公瑾兵部尚書
程公信征之二公至匆詢下訪咸謂賊據山寨路險峻
不可到萬口并爲一談公獨慷慨言曰此賊恃險爲
惡今大將率天兵至若不破賊賊猖獗將何如請爲公
以身任之於是指畫路途散騎軍銜枚潛跡攀緣魚貫
而進約之賊寨所一時舉砲火向賊金鼓聲震山谷賊
不意官軍猝至相顧錯愕盡棄累重散走遂縱火燒賊
三百餘寨賊或死或就縛或逃匿絕踪影不敢出乃招

捄流離饑寒者、安輯之使得所、公於是役

松潘蠻叛、克羅俄監粲攻下雜谷、奪其安撫司印、土豪

王永陷關堡、殺人取貨、都御史寇深不能治、上降璽

書命羅公綺代之、公雄偉有謀能斷、出奇取捷、十不失

一、開布恩信、臨以兵威、未幾、克羅俄監粲悔過、獻印、擒

永族之、松潘皆山巖叢羅立、番得利、即奔岩洞、餉道出

兩山間絕艱險、民負載儎五致一、羣番伺隙、出輒掠去、

公曰、不大威之不懲、招募材武、得禪師智中、國師綽領

牌頭尤弄柯皆豪健、各令統兵、夜啣枚分道擣賊巢、公

亦介曹佬之火且攻破撲爬諸寨擒劇賊卓勞所兒結十餘人戮之公志在招降自是破剔體面一切簡易爲治與接杯酒歡待以不疑沓人畏慕終公任不敢叛

天順

兩廣獠蠻猖獗殺害方面大臣布政宋欽僉事毛吉等累征弗靖上命都督趙輔爲征夷將軍和勇爲游擊將軍惟總督軍務者難其人僉曰非韓雍不可遂拜公左僉都御史賜璽書給符驗旗牌許便宜行事勑旨殊重既到軍衆謂賊在廣東者利於逐在廣西者利

於困且非持久不可公大言曰大藤峽爲賊藪本也諸
軍不先薄其本乃分兵以趨末分兵勢弱趨末難盡我
全師至彼南可以攻大藤援高廉雷東可以應南韶西
可以取柳慶北可以斷陽峒諸路勢若常山蛇首尾互
應且兵聞拙速未見巧遲遂行抵廣西委都指揮趙倫
鄒宏副揔兵范信參將孫振各授以方畧斷賊要害仍
檄湖廣總兵李震嚴備奔逸進兵全州五發偏師疏捕
陽峒諸獠連戰皆捷生擒渠魁數人皆磔剮以示軍威
大振又以修仁荔浦賊之外蔽計應先勦翦其羽翼乃

分兵二十五哨、公與總兵官領中堅進攻彌月、峽賊遂平、路無阻絕、乃會師潯州、增餱糧、飭攻具、直抵大藤、衆謂峽險不可攻、宜困以歲月、俟其饑疲擊之、公曰、峽圍六百里、兵雖數十萬、可匝否、今我幸壁其下、置而弗擊、後可得復至耶、遂擬布諸哨、用開山斧鑿石開道以進、公躬擐甲冑、擣山南、賊穴穴阻大谿、深不可渡、公欲斬前鋒將、將懼請死、公笑曰、吾知非爾所及也、命取所齎刳木槎、聯接以濟、非師繞出古眉雙髻後、腹背夾攻、遣別將截諸山口、斷賊援路、賊聞、乃挈妻孥輜重於崕極險虎預於山南立排柵滚木礌石標鎗毒矢如雨而下公軍華山仰敵無敢少却久之矢石下稍緩公曰賊怠矣麾軍奮擊用團牌爬山笆魚貫以上人人死戰無不一當百聲震天地縱火烈焚日色晝暝賊潰亂走險謀遁公謂破竹之勢不可少緩督進益急直抵横崖等崕又進至九層樓等山山壁立萬仞勢控霄漢林篠叢惡賊蔽其中乘高鼓譟取大木巨石推轉下山轟震若雷公乃驅數萬羊負芻偶芻緣崖谷誘賊大發矢石募人捫蘿葛潛升絶頂覘其矢石盡則舉砲以應自卯至未

賊拒守益力、晡時礮忽發自其上、賊怖駭不知所爲、公援木以升、麾衆惓上、縱横奮擊、連日夜鏖戰百數十合、賊大敗、横石兵亦且破崖而進、與公兵合、斬獲數萬、顛越崁崕谷者不可勝計、輜械山委、戕黨悉降、前後得大小寨峒九百餘處、改大藤峽爲斷藤、刻石山頂以紀厥功、初公令士卒得一山一寨即堅守之、故賊無可反之計、許生獲被擄男女以准其功、故士無妄殺之慘、又謂峽內餘孽尚存、終必爲患、宜設土官編管、仍徙周冲靖寧二巡司於峽之上下、增土人爲副巡簡、復置千戸所、以鎮藤縣五屯猺獞凡可以固峽之策無不行之而先所遣將至廣東勦雷廉等處者禀公成算百戰百勝千里符合如在麾下至是又遣官軍往助旬月間廣地悉平俘獲數萬捷聞　上大悅制　詔即軍中拜公左副都御史公復獻策二廣賊勢實相聯屬不兼委且勢輕互避不便於是命公總督兼巡撫開府梧州天順

都督王公信成化初以揮使守荆襄石和尚劉千斤反公進據房陸民兵不滿千人賊四千餘衆突至圍公主帥逗遛不援公多張旗舉火晝夜不息歷四旬餘間以

敢士出城五六里舉火砲賊以爲援兵至驚走追斬有功。成化

成化四年固原土達滿四遍都指揮劉清因挾其衆叛據石城旬日間有衆二萬項襄毅公忠以副都御史奉勑總督軍務將兵往討時伏羌伯毛忠戰歿我軍遽退公即陣斬指揮以徇陣始定會有星孛台斗占者以木在秦不祥公曰兵法禁祥去疑晉李晟討朱泚熒惑守歲卒以成功今殆類此時廷議益兵公謂京軍怯不諳戰益之適足僨事吾據賊水草坐扼其要自足困賊

乃堅壁相持百日賊稍急公隨二卒單騎抵賊寨諭以禍福諸脅從者稍稍來降公又密使人斷賊近營水脉其夜賊愛將楊虎狸出汲擒之公叱令斫頭來虎狸伏地乞命公即許以不死令立功自效解所束金鈎賜而遣之約爲内應滿四竟爲虎狸所誘擒屍斬首七千六百俘獲無算當圍急時賊逸出者公皆縱之去以孤其黨惟於城下候北行者追斬之後困極劉總兵欲任其去皆不追公不許曰賊已嘗陷將覆兵此盡縱之後稍不快意即易爲亂繇是黨與既散而斬獲亦數千級奏

凱後公復疏善後四事其一改固原千戶所爲衛而西安州別增一所留陝西各屬請出貴州赤水湖廣銅鼓二衛勾解軍免發原衛瘴癘之鄉就此新增衛所充發兩便其二增一僉事管束土達復於民家有五丁以上者抽一與土達相兼操練一體支糧免其雜役其三仍設一都指揮練軍愼固封守其四移韓慶二府諸郡王第於近水便祿米之運　上皆從之六年大旱荆襄流民咸遁入山李鬍子者劉千斤黨也倡流民爲亂復勑公出總軍務公遣人持榜入山諭降即負險不服縱

兵擒勦不赦凡遣還鄉者四十餘萬編戍者萬餘俘斬二千因上便宜十事八年又討平野王剛小王洪召還院荆襄竟以公處置得宜三十餘年賊不起成化

兵書余公子俊知西安府時　朝廷命將帥師征滿四公從征督餉滿四據二山臨高禦敵矢下如雨我軍氣奪公謂將官曰必使攻下二山我處上游其勝可得將官請計公曰我有銀牌二千顧募勇士能奪山者先給與而後計功將官即選募勇敢却敵之士千餘令上山攀緣入巢舉火攻擊已奪一山其一尚爲所據公曰更

有銀二千餘兩，可爲牌五百。復募衆卒夾攻其山，衆懽呼奮勇，軍容大振。將臣又慮其饑，公曰：「我已備糗糧二百車。」皆以蜜劑而和者，使可飽而不渴，以餉之士卒，有效戰之心，故卒成功。成化

成化初，馬端肅公文升以都御史佐項公忠率京邊軍五萬討土夷滿四，公馳急傳，十日至陝，時兵已發，則簡練其留後者，申約束，通轉餉，五日而嚴馳至軍。是夜三鼓，聞營外一里許砲聲甚急，營中皆驚。公尚未寢，急令官軍嚴守營門，至天明視之，乃賊留文書一紙，云容我

石城居住免納糧差奏聞　朝廷饒我罪等語衆愕不
可測公曰此不過欲緩我兵何足信只可整兵以俟進
討因與項公謀用兵方略令善畫者圖其形勢分六路
進兵而伏羌伯毛忠輕敵被害項公有憂色公曰勝敗
兵家常事此時黃河未凍賊不北徙無深慮者徐可再
圖奏報明言伏羌伯忠義奮發爭先登山斃于流矢賊
勢已窮蹙且語所遣舍人至京但言賊黨就平以安中
外其月彗出西方兵部及撫寧侯朱永定襄伯郭登交
章擬益兵赴援項與公謀公曰若不益萬一賊不能平

益兵晚矣第上請令撫寧侯朱永率宣府大同精兵五千順邊而來賊平則止之未平則并力勦之項公從以上請且日督兵攻圍賊在山熟視不出戰官兵至暮則回項公憂之公又謀於項曰賊城中旣無水而芻粟亦漸乏若絶其芻汲則彼若釜中之魚當自斃矣項公從之遂令官軍盡焚左右近地之草賊馬死者殆盡則又盡以死人馬塡塞城外水泉候賊夜汲者設伏掩襲之多被擒益知彼中消息正艱于水公曰此時賊窮蹙巳甚不足慮矣賊乃詐請降欲總督總兵官詣城下

項與總兵劉玉皆單騎詣彼久不回賊披戴盔甲者數百人環繞門外而輕騎往來示武公與太監劉祥在溝外公曰賊窮蹙無信義萬一二公被遮留何以言之
朝廷速邀二公歸賊又堅訴要巡撫大人來公曰若不往是示怯乃從數十騎在溝邊大聲罵曰賊徒無禮
天朝將官咸在此爾豈應以精兵四外旋繞叱去之賊遂入城公至城下滿四等乃出訴我被劉參將馮指揮激變今願赦宥請降公言劉參將等激變爾等
朝廷已逮赴京矣爾速降
朝廷必宥爾賊皆羅拜而退然實

無降意明日用守城大將軍銅銃擊之死者不知其數石城外有壕深丈餘人馬不能至城下公思用土塡之乃取各城上圍竿木數千縛成大橋置于廂車軸上軒昂隨人亦可用以攻城遂推至壕邊低其前以遮矢石命軍士數百人每人負土一袋以塡壕須臾濠平車至城下以竿絜城果高二丈五六尺賊乃開舊所立木栅懸大石以防公欲舉此臨城賊見益懼漸有出降者公語項曰此輩不可害也。遂給軍帖令旗牌手送出營任歸家自此逸出者日衆賊不能禁公又令曉畨語人四外招之時，回回楊虎力、四倚爲謀主、見勢不可爲、亦出聽招。虎力至營、心甚恐。公曰、汝既聽招而來、不必懼。劉總戎刮刀與誓曰、爾若能生擒滿四、或殺死來獻、 朝廷有榜文、賞白銀五百兩、金一百兩、陞爾指揮。遂以銀示之、送出帳房外、屏人問曰、何日可戰。虎力曰、只在明日、倘下雪、人有水、難爲力矣。但滿四最怕神鎗、戰時不可放、放則彼即退去。公又曰、何處可戰。虎力曰、只在東山口。公又曰、賊精鋭尚多、爾可討移其兵上山、方可信。項公亦厚慰之、乃遣去。次日五鼓、公與項、劉整兵而出至山下、其東山口係延綏兵所守地、而機又不可預泄、乃謂延綏叅將胡愷曰、爾營兵連日傷損實多。中軍可代爾守一日。胡應曰、諾、公即命掣其兵移中軍兵于山口、令人于高山上視之、見有騎白馬出城者、乃四也、既而東山上果有披戴明盔甲精鋭數百人、項公方信之。已而我軍悉前奮勇鏖戰、賊遂大敗、俄而滿四生擒至、遂以四歸營、公乃書火牌數十面、行各邊并陜西各府知之、以安人心、次日乃以捷聞、且止援兵、公又慮石城之險、非盡夷前後所築城垣、恐後有叛者、必據此爲巢穴遂令萬人悉平之滿四解京伏誅其未殄土達悉不究令其本分耕牧蓋慮其奔河套以從大虜也於是石城迤北添設所衛復添兵備僉事一員轄之成化

馬端肅公文升督甘涼時岷州番賊殺巡邊官軍公調洮河等衛精騎五千營於栗林賊之東令密察之殺官軍者乃多納族番人七力等此族據高險之地進兵爲難頃又諜得七力等時與栗林族議事公乃夜伏兵於細草灘擒斬之栗林族懼率數百人詣軍門降公嚴兵示威諭以利害且造給號牌凡詣岷州貿易者賫以爲

信無牌卽盜許擒之自是西鄙遂寧成化

成化間四川貴州山都掌蠻叛兩鎮守將不相下兵久無功朝議遣憲大臣督戰進程公信爲尚書督軍與襄城伯李瑾發川廣雲貴番漢兵討賊公至永寧分大軍三道自督入金鵝池四川軍繇戎縣貴州軍繇芒部雲南軍繇普市入期會大壩大軍進至李子關渡船舖賊恃險拒敵飛梭下壘石如雨我軍發神鎗勁弩賊稍却攀崖而上順風舉火焚其龍背豹尾二寨賊退保大壩貴州軍躡其後四川雲南軍角其左右矣賊驚散不

支連破諸賊寨斬首五千擒二千餘賊夜走入天井水磨二洞洞窾幽暗不可入窒洞圍守月餘賊死幾盡九姓土獠附賊乘還師撲勦又大捷請移瀘州渡航鋪控諸蠻分山都掌故地隸永寧芒部更大壩爲太平川立長官司轄熟夷成化

成化間荆襄流賊嘯聚推劉千斤爲主攻刼州縣白恭敏公圭督軍務繇南漳入遇賊誘之臨城擊破之乘勝進兵賊退入巢穴山險夜雨乃命裨將統卒千餘繇間道出賊後焚其營自以軍臨賊顧其營火遂驚駭蹂亂

斬首數萬級、生擒劉千斤等、獻俘京師。成化

成化十一年、妖賊石全州、詐稱明王子孫、潛入絞洞、號召古州人萬諸爲逆、而一時洪江苷篆龍阿龍俸苗皆應之、時彭倫爲叅將、遣人候得要領、知全州于某日自絞洞入鬼農寨、誓衆、密遣指揮鐵堅、督滿洞土官楊玉宜、設伏蝦蟆塘以待、獲全州歸、并搜獲其妻孥及所造妖書旗印上之、地方以寧、十二年、張家苗老草璽等、糾洪江生苗、謀奪軍民田地、公亟遣指揮鄭洵等、分五哨軍、發、雨下如注、公曰、賊必以爲不出。可急攻。刻期並進。

四面夾擊陣擒苗老草嗄餘匿崖壑并搜捕斬之時天柱苗叛勢尤猖獗公率所部進討軍出平水諸熟苗驚疑欲遯公謂苗遯必助賊因撫之曰軍討叛者非討歸順者汝熟苗宜自安乃止十月軍至天柱雨連日軍不果進靖州參軍高瑞駐遠口遣人趨公公夜赴之江暴漲不可渡因隔江舉砲鳴金鼓以應之賊聞氣奪遠口軍亦安次日渡江搗賊巢穴擒獲男婦三百餘人公告諸部將曰今賊巢已破乘勝攻白岩塘特易易耳白岩塘者臨江萬仞稱絕險國初累攻不下乃會左哨軍同

進得樵者示徑路就夜攀緣而上及旦布滿山顛砲聲四發賊倉皇驚潰斬獲四千五百有奇初臻剖六洞苗占熟苗田不納粮馬有司莫敢誰何公謂白岩塘旣破六洞苗皆震恐遣指揮張英往諭之果請納糧馬不敢後成化

姜按察綰知慶遠府時府邊夷前守率以夷治公至一新廢政民猶改觀時四境之外皆賊窩公計先剪其渠魁乃選健兒教之戰無何皆兵也賊稍稍愳初商販者舟繇柳江抵慶官兵在哨者陽護之陰實以為利公一

月自省遡江歸哨者以情見廹、謹言賊伏輿㭊、公陞行便、公曰、吾守也、避賊。此江復何時行耶。麾民兵左右翼而進、賊竟不敢出、自是舟行者無所用哨矣、七旋之黨合諸峒賊數萬來攻城、公部署吏民乘城拒守、賊進穴城、城且潰、公出金錢募敢死士、鑿穴城者殺數十人、會四鄉兵至、公常約賊來慎且毋戰、宜據險邀其歸、至皆如約、陳於巔、呼聲與城中應、賊駭、乃引退、亟縱兵合擊之、追奔數十里、斬首二百餘級、死於崖瀨者以千計、已備兵右江、思恩岑濬襲破田州、逐其知府岑猛、詔會兵征討，遣公先往撫諭。濬不受命，乃提兵自賓州入，直抵舊城，破濬，斬之，獻其首軍中。以猛始亂，復拘之武緣。公用兵不用鄉導，而豫圖山川村落道路所繇，故兵行而人莫能測；不調兵食，而令土兵自持糗糒，有獲即分給之，故人樂效死，而所至有功。成化

兵待王公倬令餘干時，頻盜殺信豐尹，督兵討之。賊據山爲險，擂石雨下，莫敢進。公夜縱白羊千頭於山下，鼓譟從之，罄賊矢石，比曉進兵，大破之，生擒三百餘人，斬首千級，遂平其地。後公備兵瓊州時，生黎爲梗，崖州千

家邨尤猖獗公聲言討之而數移師期以怠賊忽率兵擣其巢大破之分三大村爲小村以弱其勢奏建守禦千戶所自是黎人不復反成化

張都御史瓚贊松潘軍務松茂疊三城在蜀爲西境與董卜韓胡接壤易爲騷動成化十三年巡按御史毛[illegible]奏諸夷挾土番以叛　上命公往視師公率兵萬人分爲五哨先襲白草壩剪其羽翼遂虜非羊峪而岷山雪山靈山皆在其境有乾海玻璃二泉分流南非自非去爲洮河南爲江漢之源即古維州舊地公討平之播州土

官楊輝奏稱天壩千苗倡亂，公請立安寧宣撫司，上皆允之。成化

周參議旋任廣藩時，饒平縣賊蘇孟劉聚衆數萬，勢甚猖獗，郡縣不能制。公受檄勦捕，遂兼程而進，先出給告示，慰撫軍民，使各安生業，乃部分諸軍，把守要害。賊所據巢穴有膏壤數百頃，而鳳凰山環繞如郛郭狀，前阻潮海，後通閩漳，且山勢險峻，人不可上。公命驛丞龍璽率敢死士數百，潛出賊背而陣，俟賊出則攀援而登，入據其穴。已而賊果擁衆出刦縣獄，璽如命率衆魚貫而

進綴守穴者數百人賊聞奔還巳爲璽所擄官軍四集遂擒焉成化吐魯番速檀阿力及其酋牙蘭刼忠順王據哈密許公進爲僉都御史巡撫甘肅　上命都督莊鑑馬升擇京營人馬二萬往援公奏謂用兵之道非務多而無實在精强而有制將謀專則軍政歸一而師律自貞兵素練則齊勇如一而遇戰則克今謂到延綏等處人馬一萬二千兵老財費俱宜放回京營人馬不必啓行止可于固原等處共選精兵五千統以都指揮聽甘凉鎮巡等官調度則緩急易于應援自致克捷　詔可再奏

復逃岷漢土軍官于甘涼鎮番二處備禦更調副總兵彭清等各守所宜地方又遣人結罕赤斤諸夷宣布朝廷恩威時加犒勞厚撫苦峪寄住夷人得其歡心因北虜小列禿于吐番有讎乃通和小列禿部落俾與也乜克力屯兵哈密吐魯番之間以斷東援牙蘭之路復遣人數十往吐魯番議和以款其心謀旣定乃令都督劉寧彭清各領所部官軍冐雪夜行出嘉峪關隨路調赤斤罕東各衛番兵深入二千餘里直抵哈密克奪故城牙蘭遁去得忠順王陜巴及都督罕慎斬首百餘級

獲牛馬駝數千、時牙蘭既走、遺别種八百人、登臺自保、將校請曰、斬此八百首功、公且得封侯、公曰、此皆哈密人、但被牙蘭脅耳。拊脅從。柔遠人。期在安輯。安忍以多馘爲功。逆天道無後。違者斬。八百人竟得不死、既撫定、居人、乃全軍而還、公既入關、卽遣苦峪寄住夷人歸哈密故城、給牛種衣糧犂具、俾爲生聚計、且令小列秃及也乜克力兩部常住牧哈密之西、以藩蔽之、吐魯番既不能逞、越二載遂稱欵以所虜忠順王金印來歸、西域乃定、弘治吳參政愈知叙州府時土官安鰲以馬湖叛有詔掩捕之而叙實比壤藩臬重臣咸會於叙公言鰲輕剽無遠謀然器甲精利兵亦矯健未易攻取不若重圍困之彼中無水不一月可坐而降也議未決而鰲棄城走將糾諸夷爲亂衆相顧不知所爲公徐曰鰲在吾彀中矣問故曰彼以郡守將兵接戰勝負未可知既離巢穴一窮虜耳所轄諸酋長皆其深讐彼且無以自容又何能爲因遣人襲而執之不血刃而元兇授首及改設流官其醜類不服復嘯境上刼郡印爲亂衆益恇擾公親叩其

壘好言諭之曰若等情有欲言言諸朝當有處分何以印爲印出朝廷失一印復制一印於我何損若持去特一敗銅耳吾憐若以無用之物自陷罪辟故爲若言若無以印爲也衆即委印解散自首弘治

胡參政堯元通判瑞州時宸濠反公攝郡事泣諭士民效守無二已卽擢公爲守僞駙馬李蕃掠城中乃集兵謂妻黃氏曰吾與城俱亡汝善爲計黃氏泣曰君其盡忠毋以妾爲念事若不測妾當投井以效公乃簡壯士盛官儀詐稱迎蕃伏兵石鼓潭擒之斬首九十四級報

至中丞王公守仁曰微胡通判瑞其不免乎守仁遂屬以兵使備賊無西公曰濠無西意第恐東下爲憂耳乃使人聲言瑞兵十萬且至夜城西隅忽墜城中鼓譟謂瑞兵至矣濠懼修戰守之具甚備七月趨南京公勵壯士前戰於王家渡僞都督凌十一馳馬向公公佯却竟發一矢斃之擒殺二百七人正德

刑侍楊公茂元叅政廣西時先是思恩田州土官岑峻岑猛相讐殺貽患地方正德元年上命三府進兵乃率前哨擒岑峻并黨屬一千有奇詔改二府爲流降

岑猛爲福建平海衛千戶猛遂擁兵據治勢甚猖獗乃臨其境諭以禍福猛言不便遠遷故耳公曰是不難即令魚窩等寨苗賊背叛汝能備兵從討以功贖罪吾將奏請爲爾免遷猛即叩頭願從魚窩等寨者柳慶猺獞也其酋韋朝宣等亂先是三府具聞其年亦　勑令三府征勦乃協同將官破魚窩等寨擒斬甚多事定奏免其遷　正德

流賊劉三趙風子剽刼入河南境都御史彭澤帥兵擣之至則大陳軍容擐甲引見諸大挍責以退縮顧軍正

論行法、諸大校無不惕息惶恐、頓首請自效、良久、釋之。遂鼓行前、薄賊、凡數十戰、殺虜以萬計、蜀盜藍鄢平、餘黨廖麻子復起、衆號二十萬、尚書洪鐘耄不復能將、詔公討之、公悉兵、角破賊、殺廖麻子、衆遯竄山寨、多伏匿箐棘中、公分兵搤出入、奪水道、度窘、開一面、縱、夾誅之、且盡。（正德）

山東羣盜四發、霸州人劉六、劉七、齊彥明相煽起、合他盜楊虎橫行齊魯趙魏徐沛間、所至屠城破邑、發庾潰獄、執王臣、截漕舸、攻宗藩、縱橫殆遍、遣將在外者遇之輒衂，陸公完奏　命晝夜馳至臨清，調集守邊吏士，跡射佽飛騎，四出掩之，屢戰皆捷，從賊者始悔且懼。公因開以生路，立招降幟於軍前，其衆多散去者。又命郡縣各繕城濬池，清埜以俟，賊至無所掠。楊虎敗，獨率其衆而南。六七、彥明連敗，幾不能軍，挾驍猛三百餘騎，北奔霸州，又奔河南，奔湖廣。劉六溺水，七與彥明奪船東下，犯鎮江、江陰，忽泝江上，犯南京、安慶。公復奏　詔兼程馳至，衆謂賊且北去。公曰：賊技窮矣，必且復南以窺吳會。乃分兵駐京口，賊果復下，據狼山。賊故不便水，而狼山叉四面絕、公乘之、率兵至江陰、值大風作、賊船虀碎、遣諸將襲之、賊據山顛、矢石雨下、副總劉暉等引所部力戰、戴盾踸行、奪其險、賊墜死無算、七乘小舟將遁、溺死、彥明爲宣府游兵所殺、楊虎之南下也、官軍扼之河上、虎渡河、官軍亂石擊之、溺焉、至是羣盜盪平、正德盜起山東、侍郎陸公完、督軍平勦、張公嘉謨以才略贊戎務、初官軍之東也、日尾賊後、行止視賊、故賊益猖獗、功無所成、公乃獻議陸公、謂當出奇以遏其鋒、審勢以奪其氣、若徒尾其後、是驅賊以自戕也、陸公是之、會賊

犯濰縣陸公以偏師屬公公提師行一日即按兵不進賊易公不爲意公偵其怠也卽夕疾行掩擊大破賊斬首二千級賊遂奔河南不復犯山東矣正德

正德壬申劉六劉七聚衆十萬餘總帥劉暉募軍鋒莫敢往獨千戶陳幹應募領前茅追至滕縣城垂陷援兵十餘壁莫敢膺之者幹策賊驕矣而不虞我乘疾擊必勝乃以所部千人先登賊披靡而潰獲其二首獻明日賊列陣以待又奮擊大破之斬首二賊奔呂孟社衆議連日疲甚少休幹以賊衆尚數萬急則鳥散不爲用緩

之則復合。而我卒不滿三千。將日爲之糜矣。破竹之機。不可失也。暉然之乘夜。卷甲疾趨。賊臥方熟。聞鼓譟震而大奔潰。復獲二首。獻奪回子女萬計。恐復爲他兵鹵。而部守之古寺。戰畢。歸有司。寧家。賊敗走平度州古縣。我兵躡之。賊背山結陣。欲爲決死戰。暉伏兵於左右。幹將百餘鐵騎挑之。略陣而西。不動。以矢遥射營中。其酋不勝忿。率衆而逆。運槊若飛。幹射殺之。賊悉出。俄陣動伏起。左右横擊。大潰之。正德

鄒都御史吴僉憲四川時。盜藍鄢方劇。合四省兵馬勦

之無效公至擇精兵千人教之分爲四隊隊各立長統之賊來逼城公夜出精騎百人舉砲擊營賊內潰我兵奮擊斬首四千餘級軍中皆喜公曰戰雖少勝賊心未寒遂乘勝遄發遇賊大營賊列陣于左伏兵于右公以正兵攻左親率精兵千騎擣伏伏兵驚潰自相蹂踐死者不可勝計乃舉火焚柵追賊百餘里斬其首賊方四降者萬人公下令曰此後擅殺人者抵命於是驅掠從賊者人人皆望生全矣　正德

賊首廖麻子既誅餘黨復立喻老人遁入東鄉山中時

劉公吴巳晉巡撫遂與彭公澤議曰東鄉山大不便騎射某請率步兵三萬人深入九眞壩劄營四面分布隘口賊不能出亦不能據寇窮而後招降彼必自縛其魁至矣公至九眞賊果縛驗老人等四十餘人赴軍門隨給票以授降者令自歸鄉里蜀道遂平僰人普法惡鼓惑諸夷僭號據險肆行攻刼公率兵擣其巢穴降者萬計惟青山寨不下公曰青山寨高而無泉我絕其水只不旬日賊當困渴以死何復庸戰遣指揮何定據水口賊果窘公曰賊今夜當遁可掣南方一面待之於是遣

人諭寨夷曰令爽人子殺爾寨首級換水吃數日不下無噍類矣寨夷相向大哭中夜果下寨走生擒萬餘人渠首悉獲 正德

蜀盜藍廷瑞鄢本恕寇暴川陝洪襄惠公鍾總四省軍務分路進勦賊見官兵追急求招撫寔意在緩師公給榜示檄召廷瑞等約日出降竟不出但使人來言欲得營山縣治或臨江市駐其衆方出見且要取旗牌官爲質公俱許之本恕來見回營廷瑞始復來見且降且肆殺掠計欲脫走官兵分七哨周圍防守不得閒賊勢窘

漸潰散、廷瑞乃以所掠女子、詐爲巳女、嫁與領兵土舍彭世麟爲妾以結歡、世麟白軍門受之、遂邀賊首至營宴會、公令廷瑞所親鮮于金說廷瑞及本恕帥諸賊二十八人、同至彭世麟赴宴、伏兵盡擒之、衆聞變遂大潰、四出奔軼山谷、公遣諸路兵、分道追勦之。正德

南刑侍王公大用、僉憲廣東時、新會白水新興海州等峒、相煽出没、以屠掠長子孫矣、公躬按邑治、審授方略令里胥父老、各捕所知甫、三月、獲賊二千餘、順德增城香山各沿海諸村、晝農夜寇、蹤跡奇詭、公令自別所業、

長正五覺舉凡游手暴民者皆爲眞盜文獲三千有奇

正德

沈都御史林撫貴州貴與湖蜀毗壤夷獠雜居時出抄掠邊人苦之公承制調集湖北川西數路官兵身自獎率期必戡定先給旗榜招捄脅從散其醜類乃命將直擣諸巢疏捕追北務極勦滅於是鎮筸銅仁烏羅諸賊以次削平而天生厓囤二寨尤極險阻藺石控弦不可嚮邇公調兵先絕其餉道伺賊困悉衆搏擊繼以火鎗飛礮盡掟而殲之生擒夷酋龍通保等千人俘獲男女牛

羊器械無算陳家孟溪等九十七寨相率來歸給以閒田牛種悉復編民先是藍廖二寇橫行蜀中公念貴爲蜀垂徼賊所出入窮必迸逸屬方有夷師乃先期距塞與蜀犄角互爲聲援賊竟不得出蜀功倚成焉正德

曹知府琚守梧州妖賊李通寶竊發殺鬱林署印官擒巡捕通判以去總督林廷選召公謂曰賊勢如此吾輩無死所矣公正色對曰始入見時諸將候門下謂公必有奇計滅賊今爲此言士卒且解體矣林悟拉入後寢問討公請選梧兵之壯銳者追捕之而留其老弱以居

守、又曰、從征江西狼兵。已在河下矣。出常格。懸重賞以爲梧兵助。萬全之策也。林稱善、因屬公督軍、公遂行、與賊遇、戰於新橋、斬十餘級、賊入於莽、追斬之、又十餘級、遂歸於秋風根、蓋其巢也、諜知其必道八黄山、又知賊皆衣青、即抽兵使衣白、伏八黄山以待、夜半、賊果至、伏發、追斬五十餘級、狼兵又大敗之、斬通寶以歸、正德

李康惠公承勛、守南昌時、瑞饒諸屬邑、劇賊互起、贛賊犯新淦、執叅政趙士賢、靖安賊據越王嶺、瑪瑙岸、華林賊破瑞州、公廣詗諜、繕壁壘、扼溪澗、進與賊戰、擒胡雪

二、華林賊殺副使周憲、公單騎入憲軍、寢其狀、衆乃定、因諭降。徒賊王奇任用之、人謂宜防不測、公益親信、令宿帳中、奇感奮、公乃令奇入賊中誘降其黨、公引兵至山下、奇引降者來見、復縱去、令爲內應、公以鋭卒夜斫柵登山、歷重險、奇前導至壘、群賊方鼾睡、奇拔柵、率衆入奮刃斫之、約內應者亦合勢夾攻、賊倉卒不知所爲、求甲杖皆不得、斬首三千、桃源賊起江浙閩、執兵備吳廷舉、總制俞諫請邊兵勦賊、公曰、賊乏食、必掠裴源積粟、請贛兵自德興、南昌兵自岳源分兩翼伏裴源而令

邊兵驅賊賊果走裴源大敗遁去正德

南贛汀漳等處寇發王公守仁爲僉都御史巡撫其地公至則先行十家保甲法務使姦無所容又徵得老隷與賊通者致客室而脅之盡得賊情特笑而貫之乃故爲不可測每令形家者擇吉日出師則復止之或將發復不果以多方誤賊而陰勤諸兵備道募選郡邑材官力士以三之一赴軍門使與舊兵參而身教之擊射明賞罰以勵之初戰破賊于長富村追至象湖山賊退潰圖出指揮覃桓縣丞紀鏞戰歿諸將懼請俟狼兵至公

怒責之曰戰小挫何損且兵豈不足耶而需狼兵乃親率所選士進屯上杭佯諭諸道姑以牛酒犒師使小息俟秋再舉諜賊懈即分兵三路約以同夕銜枚進中軍奪象湖之隘方大戰而奇兵乘間發遂大破之閩廣兵亦盡破其巢斬獲大酋詹師富等七千有奇奏立崇義縣盡得賊之要害地而耕之公先以巡撫權輕不足以控轄諸道請得以大軍誅賞之法假令旗令牌便宜行事兵部尚書王瓊素奇公請　上即與公兵符改提督文武官不用命者聽以軍法從事于是公乃益得展材

用申約束、且爲文撫諸賊、詞旨悱惻懇至、而賊酋黃金巢、盧珂、鄭志高等、相率皈命矣、已遂移兵破横水賊、擒其大酋謝志珊等、因使諭桶賊、方狐疑、襲擊之、擒大酋藍天鳳等、凡鹵斬三千餘、俘三千六百有奇、時浰頭賊尚强、其酋池大鬢等尤黠桀、故與降賊盧珂等讐、公使使以牛酒諭降之、乃報曰、大鬢等欲歸欵、而盧珂等將乘隙而掩我家室、今者不解甲、以自保耳、公乃陽移文責珂志高等、而珂志高等急上變、謂大鬢等實挾詐以老我師、且列其寇亂狀、公復佯怒、杖責珂等、下之獄、而諭之情、復以新曆給大鬢等、且諭使來見、大鬢乃語其腹心曰、欲得伸、必先屈、贛州伎倆、我亦欲先勘之、遂以其魁勇九十二人、褁甲來見、公爲慰諭宴犒之、館于祥符宫、使更新衣習禮、供張儲餼甚設、大鬢等喜過望、至正元之次日、公張樂大宴、伏士以待、引大鬢等魚貫入、公即僇之庭、無一脱者、遂出盧珂等于獄、使之歸發兵爲鄉導、夜半公出師與之會、遂破浰頭石門、覆其巢、擒大賊五十八、鹵斬二千餘、餘奔九連山、公以九連深險不易攻、乃使精卒七百、衣賊衣、佯若奔潰者、賊從崖上招

呼與相應久而賊覺之則師已度險賊狼狽失據大軍燃之皆就縛公既已盡得賊地相險要增設和平縣捷

上進右副都御史正德

正德十四年六月宸濠反王公守仁適勘事福建道經豐城與縣令顧泌指心籲天誓不與濠俱生急走小舸返吉安與知府伍文定謀起兵討賊發檄召江西知府邢珣等公又恐兵未集而宸濠之兵速出南京空城無備勢且下南京下事未可知也乃密遣諜四出投檄言京師及湖廣廣東西南京淮安浙江各發兵共數十萬

皇明臣略纂聞　卷之六　討

以疑宸濠使不敢出南昌賊果疑四路兵至不敢出遲回半月日乃出南昌攻南康九江安慶而公兵則已大集矣即傳檄罵宸濠賊遣人寄書與賊心腹李士實劉養正及閔念四吳十三若有約内應者故繫宸濠之諜示將斬而令黠校監者僞若與宸濠欵泄而縱之宸濠徼得致書人及書遂疑士實等士實等勸宸濠去安慶直趍南京否徑出蘄黄趍京師宸濠不聽公遂進兵各兵會於樟樹巳酉誓師公手書牌曰軍伍不用命者斬隊將隊將不用命者斬副將副將不用命者斬主將遂

呼文定等四知府入手是牌授之曰此是實語不相誑也師遂行次豐城諜知賊設伏新舊廠以應省城遣奉新知縣劉守緒從間道夜襲破之先是南昌城中爲備甚嚴及廠潰一城皆驚又見我師驟集益奪氣矣遂呼譟梯緪入城擒其居守宜春王拱樤中涓萬鋭等千餘人宮人多焚死宸濠時攻安慶聞而解圍回顧巢穴公迎戰樵舍縱火攻之大破賊擒宸濠當是時南京大震非公在上流疑賊賊不犯南京必走蘄黄公既擒宸濠諸奸佞江彬等導上南巡下詔親征諸奸佞詭言巧譖

百計欲去公，是時宸濠未敗，諸奸佞素通宸濠得金錢者，多在上左右，頗有異謀，畏公不敢發，公深機曲筭，內戢凶倖，外防賊徒，撫定瘡痍，激厲將士，日夜如對勍敵，宸濠竟得伏誅。正德

邢布政珣，知贛州府時，壤接閩廣，多盜，有劇盜滿總等，公推誠諭撫之，率衆來降，授以廬舍，給牛種，俾居而耕之，豐其犒賜，他盜起，乃籍以禦盜。已卯，逆濠遣使賫重貲，誘滿總兵爲助，滿執使者言于公，公曰：吾固練兵集糗待之。爾輩云何。皆頓首願自效。時王公守仁、伍公文

定起義吉安、公卽日部兵來會、次樟樹鎮、時徵諸郡兵尚未至、公曰、賊雖出城、虞我師掩其後、逗遛不前、今須馳據南昌、否則賊兵還復入城、猝難攻矣、乃卽拔兵、三日夜抵南昌、濠至安慶、聞城破、復還屯黃石渡、拒我師、諸兵對江而陣、時南風甚疾、公望賊在下流、舟相尾、曰、是不可用赤壁策乎、卽縛葦灌油、拏小舟薄之、炬舉風迫、烟焰蔽天、賊亂、溺死相枕藉、濠遂成擒、正德

伍公文定知吉安府、宸濠反報至、公號于衆曰、吾儕以死報國、正在今日、郡人爭欲亡、斬亡者一人以徇、復集

諸路兵誓之曰、濠今所苦。非爾父兄。卽爾子弟。今宜蚤殲爾讐。紓乃宿憤。衆咸曰惟命。會王公守仁從間道避入城、公卽閉門繕甲、請曰、賊烏合。勢必敗。而一時猝起。無抗者。公威望素重。宜卽吉安起義。集諸路兵擣其穴必潰。身敢任麾下之役。守仁曰善、乃起兵治餉儲、餙製孫許二公木主于文山祠、率所集兵、爲文哭之、諸軍皆感泣、遂擣南昌、以精兵自廣潤門入、殺守者。市肆安堵。二日追及于樵舍、寧王兵舟萬艘、蔽江而、公薄堅冒矢石、火燎鬢不動、士爭殊死鬭、大破之、獲寧王、正德

南大司馬李公充嗣先以僉都撫南畿聞宸濠增置護
衛歎曰虎而傅翼禍將作矣遂力陳反狀　廷議難之
乃公旦夕設方畧飭武備以禦賊爲急終夜繞榻不寐
以安慶畿輔適當賊衝非得人莫守也時都督楊君鋭
先爲指揮使及諸將庭參于衆中揖而進之曰皖城保
障委之於子毋負我乃奏使視事庚辰夏六月宸濠稱
兵犯順江左之地守禦戒具已悉備矣賊兵東向陷九
江舳艫相接氣焰甚熾直抵安慶城下時白巖喬公任
南畿本兵公相與矢曰都城之內公身任之畿輔之地

恭命寄之。遂相與協心王室。京師戒嚴。公自將兵萬人屯於采石。以塞上游之路。飛檄皖城。諭以忠義。皖感激思奮。嬰城固守。相機應發。日至數十發無不克捷。公又數潛遣間諜。順流而下。給云王師十萬。四面至矣。賊畏得諜語。益加驚駭。繇是散亡者十之四五。繼而發銳卒善水戰者千人。盛其標幟。乘飛艦百餘艘。鼓譟而集。聲爲安慶應援。城中望見。士氣百倍。懽聲動地。銳卽開門出敵。水陸夾攻。賊遂大潰。蹂躪沒溺。水爲不流。時宸濠營於黃石磯。聞敗宵遁。賊兵在安慶攻守者數萬。結營江岸為之一空公分兵守釆石為江防自將兵逐北收復九江俘賊首之據城者數十而撫釋餘黨宸濠奔入鄱陽湖諸賊隨道逋竄從濠者無幾遇汀贛巡撫王公陽明之衆於湖中不戰而就擒矣其間諜火牌云爲繫急軍情事該欽差太監總兵等官統領邊官軍十萬餘一半將到南京一半徑趨安慶并調兩廣狼兵湖廣土兵即日水陸並進俱赴安慶會兵刻期進攻江西叛賊令將火牌飛報前路官司一體用心防守預備糧草聽候應用等因十一日宸濠到安慶十三日巡哨賊船到

池州府李陽河過江遇齋火牌者奪到軍營十四日夜賊兵潰散正德

正德間楊銳署都指揮僉事守備九江安慶諸郡駐軍皖城九年盡獲江賊于蓮花洲監司喜以事 上聞公曰江賊奚足憂所虞者豫章耳意指宸濠也又謂九江爲鄱陽上流不可恃湖最要害當以九江中左所一旅置戍于湖口縣之高嶺可遠望有警可即達也乃繪長江圖具事標識凡數本呈南京機務司馬重臣及臺院司江防者又請造戰艦若干艘習水戰於江上十一年

與臺院客議兵食繕皖城周城中多浚井十四年六月十四日宸濠變作即告變京師先引軍設鉤距于江側禁勿泄二十七日寇至船二百餘艘抵岸爲鉤距所破繼至者以千數公坐城上與衆誓勦逆當得大功告郡守張文錦俾發府庫金懸以示賞有寇衣緋者稱凌十一先登公引弓中其首其子繼登貫其吭而死于是懦者皆起城上建大旗書勦逆賊以壯士氣有安慶人僉事潘鵬持黃紙衣緋擁騎至城稱後兵數十萬能以城降得不死公語鵬曰汝死已後尚靦顔爲悖言乎吾刃

至矣。捕鵬家一人腰斬棄城下鵬乃遁去寇爲敵樓數仞向城城中亦造飛樓數十乘城而射之無不中賊者有甲冑者出闌楯外持鉤距大呼公發矢中左腋藥火齊發頃之樓燬死者不可計八日宸濠船泊南岸聞不克大怒率衆分攻五城各首舉木爲蔽甚急公裂方布覆紙裹藥火千數散投所蔽木上火發盡棄走火光周匝不絕寇無所遁十二日寇於非濠結木爲棧與城接挾兵而進城中大驚公曰事急矣乃詭以大將軍火銃實石被緋金鼓置城上向寇兒兵望見大潰潛使一卒從間道出燒棧絕十六日寇衆解體且暑甚潦力憊夜鼾睡去公募善泅者數人於船中聞鼾聲即斬首絕其纜放之江中文遣一二强卒突入岸上營舉火礮城上應之乘勝捕殺聲震數里是夜宸濠浩歎出涕舉帆順風而返正德

四川流賊合思石苗民據江村圍叛累攻不克都督石公邦憲往討之視其崖壁高僅三丈令軍士積草崖下軍中選一少年何全謬充千戶與賊交質詒曰招撫全往探賊食盡即如公策從圍上一躍而下大軍鼓譟急

攻斬首百餘級磨子崖圓苗廬阿項等爲川湖梗公調漢上兵七千進征春江雨漲公令軍士編筏徑渡猝至崖下賊求援於播之吳鯤諸將皆恐公曰安萬全楊烈所畏也調水西軍三萬進次烏江聲問烈縱鯤助逆犯順之罪烈奚暇援人乎公每路設兵迭疑疲賊斬關而登生擒賊父子斬首四百七十餘級湖廣溆浦縣猺賊公征之令製五色旗各百面立五營令賊探者識之越日至山分旗兵左右前後立幟奪山公總中權分兩翼蹂前山入賊出迎戰入則奪山者據巢矣容山土官張

問韓甸、讐殺不已、公以兵聲罪、至鎮遠、調度兵糧、賊于沿江防渡、公佯與爭渡、別于上流三十里、編竹爲橋、潛軍暗渡、公爲後應、賊大潰、擒韓甸、客山平、銅仁劇賊龍許保、吳黑苗剽掠湖廣川貴、督府合三省之兵攻之、公曰、地險易匿、賊首不可得也、不若厚賞順苗爲腹心、以賊攻賊便、時已召兵、公至銅仁招納順苗二千餘人、示以恩信、日出獵鹿、據其要害、布營結寨、諸苗莫測、賊襲破思州、公亟分兵邀其歸路、擒斬百餘級、賊首遁去、三省兵尅期大進、公聲言由滑石江進、謬令奇兵於江上山頭張幟然火疑賊公乃率衆銜枚疾走攻亞寨冒雪而行出其不意一鼓破之得其倉粟牛馬進克滑石江龍塘諸處許傍逃匿深洞復與各苗往來糾合公召順苗某某屬以誘賊且謂之曰爾在圍中見二人挺而麾曰開路開路我馬得行既而訪之老⿰犭滿老⿰犭律也似欲歸順其妻子繫獄來即釋之若大兵至無及矣⿰犭滿⿰犭律來降公即取彼妻子令見執手痛哭晚令宿府中夫人爲其妻易衣添裝饜飫酒肉數日遣去一日公置酒高宴召⿰犭滿⿰犭律侍酌以大斗⿰犭滿⿰犭律心醉誓許報恩明日賞以衣服

酒肉令與妻子同歸諸苗聞之皆有順意⿰犭㒼⿰犭聿歸甫八日率諸苗來降且報曰許保縛矣公以兵至⿰犭㒼⿰犭聿等謁見獻功公椎牛饗士畢與數十人往⿰犭㒼⿰犭聿寨妻子奉觴歡如父子公又遣人詗吳黑苗其日欲出伏兵中途斬之苗悉平 正德

宋都御史晃叅藩福建時永春等處流賊猖獗劫去捕盜通判分巡不能禦坐失機鎮巡謂滅賊非公不可乃越境借公行始選精騎百人挑戰誘之出險巢擒其渠長數人賊請以所執通判易公知賊必驚遁遂料地按

伏擒其首從數千送海上者惟百餘人盡推功於失機者以贖罪正德

□煥提督南贛時懸繩等洞巨寇刼掠三省郊縣施寬爲下所誤反寄爪牙賊中悉其搏噬公乃行十家保甲法如故事然陰檄漳南嶺北諸道或分布犄角以備聲援或設伏間道以防奔逸部勒所司各率精鋭三路並進隨徧揭曉諭使相捕自贖而携其心一夜兵忽至門遂平懸繩之巢餘巢亦漸次勦滅嘉靖

潘侍郎希曾撫南贛時浰頭餘賊曾蛇仔七巢並興流

毒江廣、公發諸路兵夾攻之、賊計窮、襲通判董鳴鳳以要我撫。公曰、不可。墮其計中耳。乃佯曰通判自僨事、不足恤。督兵益力、戰數合、賊大敗、生擒渠魁、餘黨奔竄、通判卒獲全。遂犁其庭、籍其田以業貧民、廉其脅從者、分配內地。嘉靖

王侍郎積、爲湖廣參政時、方苗難作、都御史萬公鏜討之、促會公謀。賊有糯塘山囤者、最衝而堅、衆議亟攻之。公獨謂攻囤固首計、第賊方欲以堅老我。不若以輕兵綴囤而別選精銳、從間道破其餘巢。餘曹破、囤胆奪矣。兵

法所謂攻瑕則堅者瑕是也。蕭公曰善，如其言進師，而苗平。嘉靖

土魯番自弘治以來，挾哈密城印以要中國，而哈密回夷居甘肅城者，陰與結援爲內應。至正德間，遂招土魯番兵侵肅州，約翻城。時陳公九疇備兵肅州，知其謀，悉索城中回夷得裹甲者盡殺，并磔通賊都督失拜烟答以示番，而身自馮城拒戰，退賊。復令通譯者持金帛往說瓦剌國使之乘土魯番空城，搗其虛，肅州圍解。先是總制彭澤經畧哈密，奉　敕諭速壇滿速兒、火者他

只丁、還哈密城印、且與綵幣二千、銀搕一、盂一、求和、公奮怒曰、彭公受天子命、全陝重寄、不能身任利害、徒模稜效弱宋故態、何顏立天地、乃留。勅不與、捕擊番諜巴思等殺之、又遣奇兵襲其營、却之、土魯番計窮、陰遣間使寫亦虎仙以秘術干進、得與養子列、知兵部尚書王瓊與彭澤交惡、即誣奏澤與公妄殺啓釁、下公獄、肅皇即位、言官首劾瓊、戍楡林、公以按察使超拜都御史撫甘肅、連破番兵、斬火者他只丁、絕其貢賜、又陰賂番別部內外夾擊、大破之、　上捷、公當封、而瓊黨有柄事者中土孳蓄流言，復以報功誤逮，論誣罔輸戍，天下寃之。凡虜再寇，公輒從間道入，登聛睨從上射下。虜嚙指疑能分身，號飛將云。嘉靖

材侍郎富爲廣西布政時，都御史姚公鏌委以思田兵事。蓋岑猛麾下盧蘇輩結思恩遺孽王受仍爲亂也。王受在思恩，執知府以下官屬，覊他所，以衆出掠至膺墟，將進逼武緣。公決策部分諸將，且覘知受空城而出，宻遣將徑趨思恩，先發銳卒百人潛入爲内應。受至武緣，萬弩俱發，退遁，則我師先克其穴。賊勢既挫，乃議撫處

會姚解去代者王公守仁復委重於公論事頗合遂下命撤兵蘇受率衆七萬來降田役罷朝議欲改土設流公謂思州仍流官田州土官必不可廢但稍貶降分其權庶上不失朝廷之大體下不失夷酋之心遂行其議　嘉靖

朱都御史紈備兵茂威時番素驕時出掠官軍一矢不敢發賂遺之乃去公至則勒兵待番尚狃焉驟與之戰大獲首功深溝寨據諸山之巔上平下絕長寧穆肅往來必由其下賊占險放石行刼河西巴猪羅多諸寨時

懸溜索、度河助之、官軍束手、運道不通、疊戍忍饑待斃、公命游擊將軍杜欽募敢士、斷其溜索、以絕河西之賊、指揮魯元忠等、復建議請築邊墻、曰賊據高而下。官軍站立不定。遂遭其毒。況今露坐草宿。未有限期。防之或不來。掣回或卒至。謂宜依據山溪溝水道。沿邊修砌墻垣。首尾連亘。墻外山溪溝。遂如濠塹。仍於東西中三處各設一墩。官軍阻此爲陣。賊自不敢長驅。倘一下山。易於截捕。平居無事。則輪撥數軍。守墩瞭望。不惟村田千頃可護。而賊計自然默奪矣。公從之、相地分築城堡起數尺賊奄至衆卽倚城爲陣賊不敢進隴水長官坤兒卜伏兵黑橋擊敗之斬一酋身穿描金甲公引熟番賀結認其首曰此羅多寨首哭卓也彼因減賞而來若肯添賞連人命也不說起葢往時官軍殺一賊賊即擁衆來攻索人命錢也公諭之曰今都院恩威非巳前比各賊旣來犯順幷舊賞俱巳革去倉庫錢糧無限惟犒賞官軍勦殺惡賊豈有分毫飼彼犬羊若要賞賜何不自斬幾顆首級獻來今不問何寨何番穿甲持兵卽係爲賊必要擒斬若脫去兵甲負薪貿易卽係爲民並不究

問、我今怪官軍臨陣輕進。獲功不多。早能容賊深入必然勦滅無遺矣。一首級何足道哉、緒語塞、乃縱之去、自昔茂州北門並無對陣斬馘者、繇是軍威大振矣、公詰長寧堡與何卿周繼勳杜欽會議勦深溝寨土官坤兒卜坤元法保及通事書手楊敖劉偉張本元羅現各誓死報効、僞爲不協而散、密期二十八夜進兵、至期公部分諸軍、移屯向淺渾二寨、佯言渡河進兵、以綴二姓之援、留高黄脊魚降者於穆肅諸堡杜其泄漏、而以鋭師從長寧諸路分道進、俱啣枚、緣崖而上、凡三越嶺、未明

抵深溝寨襲殺其守者合圍之賊震驚菰刈無一得脫
者繇是進擊淺渾二寨二寨懼各縛送渠魁即軍前斬
之從此三溝餘黨願受約束斷指截耳誓不復反嘉靖
嘉靖五年岑猛叛兩廣聚兵討猛猛奴田州而其黨盧
蘇王受相結再叛益發四省兵鎮南大困起王公守仁
代姚鎮公至疏請一切撫綏以便宜悉散其衆而僅留
楚兵數千自衛盧蘇等素懾公威名聞公使使招諭大
悅各挾其心膂數百人入見公爲諭杖之百宥弗誅改
田州爲田寧而責蘇等報效遂因其兵以攻大藤峽峽

中諸猺、上連八寨、下通仙臺、花相諸峒、連絡數十餘巢、盤亘三百里、數出流刼郡邑、自韓雍大征之後、無能平者、公使蘓等爲鄉導、寄與約、期日去、又因永順保靖土兵自嶺南還、寄與領兵官約束、過八寨、竟擣其巢、蘓受等兵相犄角、或過其前、或截其後、或張左右翼夾擊之、誅斬萬計、而八寨平、公機權莫測、訓練嚴明、對客笑談、萬衆遝集、擒酋斬馘、獻凱轅門、左右尚不知也、嘉靖兵侍郎公榮爲郎中時、督餉大同、大同帥李瑾者、馭士嚴、軍中不附、屬虜寬塞下、瑾令李浚濠四十里、過虜騎、

刻日竣工、衆譁、攻殺瑾、守臣以聞、詔遣郤永爲帥、劉
源清督師討之、叛卒懼、欲誅首亂自贖、源清不許、趣攻
之、終不能下、乃相與謀城可灌也、公曰、雲中重鎮。以數
十叛卒隳其城、非計。且鎮人何罪而以爲戮。乃與都指
揮紀振遊擊戴濂鎮撫王寧等歃血盟討賊而私察賊
黨馬昇楊麟者、有才畧可用也、爲請貸其死、畀三十金、
使自募士、昇麟遂計擒亂首黃鎮等九人斬之、又捕斬
許章等二十六人、縛獻王寶等二十八人、內外讋服、公
乃開城門、延諸制府大帥、直指使者以次導從鼓吹入

拊循城中、城中人皆歡呼動地、曰、微詹公、我曹皆魚肉矣、自變起至事平、凡五閱月、焚掠無算、獨公所部錢穀儲胥、秋毫莫敢犯。嘉靖

藕尚書祐爲御史時、按宣大、討平兵變、初大同亂軍既賊殺總兵李瑾、因脇都御史潘倣、 上疏白狀、以爲瑾素虐所至、公聞之、大憤曰、瑾即有罪。軍可殺乎。即令朝廷胡以施紀法焉。立 上疏請討、辭義激烈、 上喜曰、御史忠悃、立遣將將兵、臨城問罪、御史監軍、兵至城下、大同固已大窘、而惑於洗城之說、迄不敢下、公遣人

入諭曰凡兵之來固欲安之也而爲訛言逆命者何趣
下即免不然種族矣久之鎮撫王寧出見持城中將吏
署狀乞貸首惡七人公嘆曰尚爲賊游說耶　朝廷二
百年生養何負若屬而暴亂若是寧因前啓訴曰七人
者城中非與之也顧力不能誅願得當而行耳公因與
約趣使馳報城中於是其魁馬昇楊林窘斬黃鎮等傳
首出獻門闢公按轡整儀仗徐行而入老幼俯伏焚香
塡塞道左左右請爲兵防公曰苟不推心左右誰非敵
者諸軍皆國家赤子倉卒迫賊耳何以兵爲聞者遂安

有詔戮其餘黨督臣噤不敢發公輒與中丞樊公會驅亂軍於市日中戮之大同遂定而昇林以自歸不誅握兵如故公因出行邊以林從護道中徐語之曰朝廷賜若不死幸矣任職受賞人其舍諸林泣請命公曰惟解兵可免耳林悟受命則移記撫臺亟代其任遣焉

嘉靖

廟侍郎諧以都御史提督南贛汀漳軍務瓊州諸峝及七山賊俱討平獨連州大帽楊旗等山諸賊據天險結石棚懸滚木機毒矢兵至如雨下不可近公選銳卒二

百婦人服挾短兵背繫竹筒貯火藥且以爲號夜援藤上揚旗焚廬舍草木大兵鼓譟山下聲震天地賊驚潰相蹂擊二百人從中斫之遂盡破大帽巖塘等諸寨嘉靖

兩廣盜劇陶莊敏公諧時任總督至則召諸所苦賊熟彼中狀者密訪之更遣幕下敢死士與俱遍入賊巢盡圖其險易虛實以歸公一覽賊在目中曰不難也但念海賊飄忽無定須先勦之乃作灣尾巨舟於番禺海濱計必來焚我新舟伏水兵以待賊果至大破之溺海死者過半于是親督兵悉力於東西山按圖刻期四路分

擊使不得相救德慶陽春等寇悉平分屯設守而還嘉靖馮叅政臯謨分轄廣東時逆賊張璉據饒平西聯大埔蕭雪峰程鄉林朝曦流刼閩廣殘殺憲臣而外與倭夷及海寇遁逃相犄角時督臣鄭恇怯無意用兵公至姑彌縫盜源爲內固計而進賢張公臬者賢豪大夫也方起家代鄭見公即詢制禦之策公曰璉等與倭若寇合則兵不易戢今莫若先赦海寇使得自效與同力逐倭倭遁然後會兵大征一舉而璉等可擒也張公然其言亟表公行副使事盡以兵事委公于是海寇許朝光林

道乾王伯宣悉爲公效命而倭連挫伯宣者南洋人機智雄海上呼吸可召千人林許等俱畏憚之倭與官兵相持三河日久公密出手書招伯宣立功伯宣素孚公威信聞命即至公喜降階慰勞立賜巵酒授以旗牌所將精兵千詭爲倭粧夜駕輕艘百疾至三河先布鐵烏菱令死士數人從山後登遂據高嶺發哨吹蘆倭以爲從天而下倉皇驚竄盡觸烏菱角扶傷而戰自辰迄午死者過半遂解三河之圍自伯宣用而倭稍辟易可一意事捷等矣歲甲子四月集水陸師十萬于廣州分哨

五、合和平詔安二哨爲七、公以烏槎哨居中、兼制六哨、尅期向饒平、師渡程鄉、山行七日、食且盡、軍中洶洶、公聞之、騎迂道至一村落、大呼我馮使君也。天兵臨賊、旦暮且破。而乏食。若輩能相濟乎。村民熟公德、競捐私畜、得米數百石、羊豕百頭、公分遣犒卒、立賦各哨、士心乃安。已公復從三河督餉數百艘、蔽江下、而賊夾水發火箭、火光燭天、衆譁曰、事去矣、公曰、無恐。遂更服從漁舠絕流先登、屬一人僞爲總兵官、持黃紙鳴橈伐鼓向兩涯賊、呼曰、跪聽赦。賊羅跪、爭獻牛酒犒師、餉遂得進、五月丁亥，圍饒平軍於大埔南。諸將請攻璉，公曰：不可。攻瑕則堅者瑕。先襲蕭雲峰，擒之。璉窘乞撫，公僞許之，而陰勒大兵迭進，遂擒璉，得改元金印一，所斬馘甚夥。歸報張公于潮。初議饒平、大埔旋師，即擣程鄉，而師老不堪用。于是林朝曦奔陰那山，設備甚固。公乃僞發家屬還省，若不以程鄉爲意者，令新附民牽舟行舟出賊中二百里，將過賊巢。于是朝曦方擁麗人歡帳中，公僞疾且止，密遣所信致賊酋二人，謂曰：若知吾屯境上之故乎？爲朝曦耳。若取朝曦來，吾官若，立解兵，盡貸若曹欸。

二酋曰唯唯以是夜五更縛朝曦及麗人至三穴盡平
嘉靖
饒平民張璉反流陷江閩諸州縣詔諸道合師二十
萬討之總督胡宗憲聞璉出行剽下檄言賊棄巢出此
自投死其速擊俞公大猷具言璉雖離巢出刼其妻子
財寶乃在巢若我以大軍迫其巢彼必聚衆自救譬之
虎方逐鹿熊據穴而搏其子虎安得不置鹿而還還而
蹙之如拉朽矣且三省會擊有期又豈可以數萬之師
從一夫浪走哉于是引兵萬五千人疾走柏嵩嶺瞰璉

巢賊果歸保巢而公出擊俘斬者千餘賊懼公使陳其可說璉黨曰朝廷購張璉賞萬金爵萬戶若何不早自擇禍欲從璉就臠磔耶俞將軍威震天下信堅金石錄人之功忘人之過可不乘此時執璉自贖哉則相與說璉出與官兵格戰從陣後執之已為兩廣帥所奪或請詒之公曰賊惡其不滅豈必在已翌日班師不殺一人以示信　嘉靖

潘襄毅公鑑之僉閩臬也南安盜起攻仙游城將官受檄逗遛不進乃自擐甲檄興臬民兵伏其歸路邀擊斬

獲殆盡其巡撫四川也，鹽井麗江兩酋相仇殺，公約雲南撫臣持檄諭之，即解。請內轄關南寇馬典，率衆逼蜀境，蠻落十五寨，咸負山谷，相結爲援，公以計緩之，寄授總兵等方畧，以兵塞諸要害，遂帥精騎擣平其巢。嘉靖

上命咸寧侯仇鸞、兵部尚書毛伯溫討安南叛酋莫登庸，擢翁公萬達爲廣西副使，駐南寧，典兵事。登庸行間我軍，公募死士入其巢，盡得其購藥淬刃置毒上流，截筒陷馬，及賂關吏，佯傳襲廣東，以撓我諸將，乃先案治我軍通賊者法，登庸始懼。公謂孤軍深入難與賊爭利

用宣布朝廷威德出不意略定諸黨與勢將自困時諸夷酋憑祥趙楷韋應龍州李寰各勒兵應安南惟思明黃朝持兩端未發公度朝可急使乃使使客諭朝啗以利竟擒楷等尋討斷藤峽猺公丁誅之又降峒酋黃賢相自是內夷既芟登庸孤益甚公語督府曰師可矣遂進兵公護軍屯憑祥當要害部四萬人倍諸道兵壁賊境上獲其諜縱歸使趣登庸降登庸大恐聽命公輕車出鎮南關受降登庸至則頓首謝罪持箋筆乞言其意公援筆大書曰主上好生寧復追蝎殼間嘲啾小故

第順命則不敢。永保南荒。持此爲信。登庸跪讀曰、降已晚矣、乃遣姪奉表入朝、詔罷安南爲都統使司、班師、嘉靖

楊副使逢春在蜀、敍州戎縣都蠻叛、檄公料理、公謂蠻敢爲不靖。縣撫養恣其驕桀。非盡勦之後益不可爲度險阨、分兵四路、約期進勦、又計蠻素以撫狃、我若因而誘之、宜必我狃、得之易也、乃陽撫其四鄉、而以勦二鄉爲師名、果得四鄉最桀者四十人以來、盡殲之、用是兵入有功、俘斬以千計。嘉靖

行太僕趙時嘗守乾州，乾人樊紳以幻術愚致其民，黨與連蔓州郡，人授僞官，裂帛尺署之曰大中，夜則相與聚南山中，妄有所占候指畫。公至，佯不聞，募丐兒之黠者使詗紳，而作役法以寓兵政，曰乾賓客之所出也。使百夫出一車，車置器械旗幟，日以十車役於官，竟十日而代。及秋，紳勢益張，公遣紳甥王國往諭，紳不從，而謀攻乾之東門。公乃徵車徒集吏士，設黄幄堂上，手一籍旁立，呼曰：某守是，某佐之，某若某隷之。其器械長短惟其習，其戰守候望惟其才，其徒旅衆寡惟其地，其寢食更番惟其時。令旣畢，則前奏曰、逆民紳、將犯州城。臣督吏民以死守。有弗率者。請處以軍法。衆羅拜曰、惟命、於是索民之與賊通者、則其魁十餘人、明日賊至、亟呼開門、公出刖者示之、賊氣沮、益發矢石擊賊、殺數十人、未幾退去、出死士二百追擊而伏兵楊竿、村賊戰敗、伏兵繼發、擒殺千二百人、土巡檢于翺與賊通、其所領卒素悍不可制、公度賊急必走翺求援、手爲書諭翺禍福、而開群盜自言者以脇從除罪、相捕斬者賞如律、紳果盡失其衆、以二千騎奔翺、翺醉縛之、嘉靖都督沈希儀爲廣西揮使時義寧賊寇臨桂掠而還巢公追之巢有兩隘賊伏兵丁嶺隘以伺使熟猺以其隘閉告而導公入丁嶺公策之斬所閉隘而入果無兵守于路擒販者數人以丁嶺之賊告遂牽以導巢而熟猺亦以公斬閉隘告丁嶺之賊賊還趨巢大破之賊奔公獨逐一酋酋騎而走崖窘釋騎跳而下澗公騎跳而下澗澗深没顛馬浮而岸毛盡濕公束濕馬于樹緣澗而求酋酋泅而逃矚水中影射之血縷水上入水斬之荔浦賊八千人行剽歸倉卒部五百人往扼之跂龍滑石

兩灘、相去數里。公曰滑石灘狹。行引繩乃濟。雖衆可薄也。蛟龍灘濶。衆成列。難圖矣。吾欲奪其濶而致之狹。伐岸竹、揭岸上、編筏以爲縧、頃刻成數百、旗插之、蛟龍灘令羸卒數十人守之、燃柴烟以疑賊、賊果趨滑石、且半渡、發伏擊敗之、嘉靖

嘉靖六年、岑猛叛、姚督府鏌奏行誅、召沈公希儀與計曰、歸順岑璋、猛婦翁也、當助猛、奈何、公素得土官陰事、曰、璋女失寵、而璋心恨猛、覡合耳、是可使擒猛、何謂助乎、督府復曰、猛乘上流勢擁兵下如建瓴、邕梧危矣、奈

何公曰是不足憂土官大率飽富貴戀巢穴所爲叛者懼誅耳豈有遠志乎督府又慮猛且走交南曰猛走交則閉不能歸彼豈無慮哉于是分五哨進師猛勁兵盡在工堯公獨將中哨當之工堯隘堅而糧且盡乃潛渡江請左哨將乞粮請并兵攻工堯左哨以分地爲解公笑曰兵糧吾自足姑試公耳還夜分軍三百人緣山而右走間道三百人緣江而左上山並繞出工堯背而夾餘糧爲稀糜食士合戰戰疾力而所遣間道卒則已立幟工堯山頂矣賊大囂遂入隘得其積粟餐軍而岑璋

所遣兵助守工堯者公實用之爲間工堯破猛窘急欲走交趾璋復遣卒給之曰此路皆天兵也不如且走歸順爲後圖猛不得已從之璋乃酖猛斬其首以獻田州平置猛子邦相于福建而議設流官公曰思恩設流官反側至今未愸田州復然兩賊且合從起矣督府不聽而田州酋盧蘇與思恩酋王受果叛公又言于督府曰兩酋能用其衆以復故主爲名今若返岑邦相于福建而置之南寧此奇貨也可使兩酋坐受縛矣督府復不聽而徵兵數十萬征之既而失利後竟復土官嘉靖

張公岳總督湖貴開府沅州合三省兵勦苗先是湖廣苗猖獗當事者皆僥倖苟安曲意爲撫自公爲總督聚錢穀餙戎伍易將帥之不足任者下令爲征勦計苗始大恐然猶欲藉口于撫以逭誅乃放兵四出寇印江寇石阡寇思恩幸　朝廷以失利去公而公用兵愈急以計獲其内訌田應朝龔諸獄集土漢兵九萬二千有奇檄諸將分道進勦前後斬獲以數千計其逃匿山箐者悉諭降之初公之任總督也實嚴世蕃有不慊于公者徐相公階報公曰士君子爲國任事禍福無擇第危機

在前、寘不知避、亦不可謂智也、蓋指嚴氏父子云、公謂備位大臣、雖危無所避。遂單車入楚、熟計苗情、諸撫臣異同前卻、苗益肆橫、　上命易貴撫院、公謝　上曰、充國湟中之議。初頗譁于衆口。裴度淮蔡之役、功竟成于獨斷。又曰、此賊不滅。臣亦何面目奉　勅書以對將吏。于是條　上用兵方畧、　詔下報可、公自督戰、斬苗幾、盡、土宣慰冉玄、糾苗爲叛、苗平懼誅、陰以兵啖龍許保、吳黑苗搶州、又挾萬金入嚴世蕃、幸世蕃去公而罷兵、徐稚公執不可、竟降兵部侍郎、公生擒龍許保、而黑苗

尚匿玄所公疏玄罪并訐其挾金事世蕃益怒日傾公公不一貶復擒黒苗以獻三省底寧

嘉靖間柳州馬平賊首韋金田等占據水陸二路村落荼毒不可數計二十四年都御史張公岳征之調漢土兵七萬分三哨並進攻雷岩等巢克之遂圍魚窩巢魚窩石壁削立拔地高數千丈諸將以爲難公曰魚窩不破即他寨破無爲也遂移鎮柳州督諸將攻愈力賊急呼他寨賊與并守山四周傾仄難置足賊晝夜守不輟山頂繩懸礮石兵一臨寨賊斷繩礮石亂下如雨公陽

令諸將撤圍寨中賊稍稍有逃者公乃復移鎮郴城召授諸將方畧作久困計諸將猶請罷兵公麾諸將不足與計事間召副總兵程鑒令選勇敢士備親軍鑒選三千餘人請所用公曰吾欲有胆力不懼死者任吾指揮死且優恤其家於是願從者七十人公曰足矣遂以七十人屬之鑒令劫寨鑒有難色公顧左右酌酒灑地誓必滅賊復出袖中紙示之曰此吾二疏草也寨破薦爾首功不破則爾養寇爲首罪惟君所擇耳鑒泣曰鑒且爲公死矣時賊巢苦乏水日數人共水一瓶涓滴必爭

一日五賊當守險逕者爭寨中曰熱甚可多與水衆持不肯五賊怒而去比夜堅臥不巡警而鼾聲七十人至寨下未敢發也先五死士持尺刀學猿猱攀木而上五賊守險逕者熟睡弗覺五死士斬之代爲巡警七十人者胥險夜登聲喧寨中賊并力出戰而山下兵復乘之山頂賊架木橋通往來兵至頂賊促毀橋兵臨橋火砲矢刃激迅交發呼聲震山谷間而賊中主計老嫗年八十矣急呼衆速自焚毋爲官兵所魚肉也於是魚竄遂破俄而高挽同銀馬鞍諸巢俱破前後俘斬四千餘級

時有議乘勝兵窮其黨類者公曰自秋徂夏兵老矣武
固不可黷也因命夷諸險巢戢其餘黨繇是馬平之渠
魁皆自投軍門願爲編民嘉靖
蕭布政晚備兵右江時永淳令激滌里賊爲變且薄賓
州公在右江以兵請於督府不聽因自討曰此斷之我
者旣諜其虛實出沒而是時思恩土兵適罷古田之役
遂檄以從更益以韋貴楊留等軍分哨以進一面據其
要路攻其巢穴一面再申軍門請給粮賞督府大怒欲
以擅調軍馬叅公粮賞一無所給公曰苟利社稷死且

不避。況一官乎。乃指蠻中田禾爲糧、以俘獲人馬、變賣給賞、時事出倉卒、諸蠻不暇爲謀、而公所授方畧咸中機會。殲潘公廣韋公抱等、一百七十有奇、報捷督府、督府口雖壯之、實嫌其異己、不以捷聞、嘉靖

觀察張謙、參政廣西時、督撫應公方討叛猺、公至、遂以七山羅旁爲屬、七山賊凡三十餘寨、居蒼梧岑藤博白諸縣間、窟穴二百餘里、山谷險絶、林箐茂密、梧人多爲賊間、公知之、臥營中、縱軍士樵蘇如平時、賊不爲備、而潛圖其山川險易、及進兵便利處、督參將王寵朱昇各

以五千人分道入，適朝議伐安南，俾令兵具安南餉，而請督府别發兵防賊逸入羅旁，值上元節置酒高會，賊益懈，而二將縣潯州上流，夜倍道入七山，賊卧未起，聞砲聲，散入林谷中，我兵搜捕略盡。嘉靖

茅副使坤僉憲廣西時，廣西猺獞錯居，而府江部稱最險，古田夷梟鬼子等砦鷙甚，時出剽掠，甚至縛陽朔令殺之。朝議大征，督府應公檟以屬公，公曰：大征非十萬不可，餉稱之，令檄徵諸路，猝不可集，而賊已走險爲備矣。計莫若鵰勦，鵰勦者如鵰之搏兎，伏於無形，倏出而

殲其魁他部落必惴而謀自完此便計也應公曰善於
是簡部兵五千人第爲上中下而差其饟時時椎牛饗
士團射角技四出遠獵以爲常賊玩而懈而我兵爭願
一戰於是復募死士携善繪者以藥筆潛圖其山川而
聚沙指畫賊在公目中矣乃分所部兵爲七校校各授
一函符廬道里遠近後先發約同日抵鬼子砦而所過
道輒幟而栫曰軍門進十萬兵討其砦之殺陽朔令者
他砦毋動動則移兵先滅之我師實不過五千諸夷見
旗幟彌山谷且休於栫皆蟻伏毋敢動連破十七砦斬

首百六十人是日公坐府江帳中令曰提音至即鳴鼓左右皆愕視佯應曰諾少選而報鬼子砦捷者三矣葢公以鵰勦行大征之法密定期會不爽晷刻而左右固不識也嘉靖

王副使化爲平遠令時一日南康被圍劇賊李文彪者寨倚懸厓前爲木城機礮石以待公入援覓羊數百頭帚其尾夜縱之上賊見火疑巳登城遽發其機石纍纍飛霣我兵力戰公縣懸厓徒步自後入從數十人齊跐之且擊且射衰其衆賊大敗文彪跳身去而粲國相者

尤驁黠，負其驍敢，屢服屢叛。南贛徵兵討之，公乃以家屬寄會昌，臨行，指其幼子元，與妻計氏訣曰：吾今行未知勝負所在。脫有不測，謹護此兒歸慰我兩親耳。直抵黃沙石子嶺，與賊遇，我兵少卻，公怒馬先之，獲三人，殪三十餘人。明日，督兵擣巢，賊懼，使人來會昌曰：王平遠陣亡矣。計拊膺大慟，遂自刎。死報至，公不爲動，曰：彼賊乃敢謷傷吾妻子乎。我男子也。死且不顧，寧顧家耶。諸軍皆飲泣自奮。公乘鋭崩之，函縛國相等八十餘人，賊黨悉平。乃赴哭于會昌，購得賊所用間者，戮于市。聞

者莫不稱快，部使者上其事，世廟兩賢之，詔所在立
祠。祠計氏，而公即晉爲廣東按察司伸威道副使。丙寅
大征二源，時五哨進兵，公居其中，賊獨多，山獨險，兵獨
少。先是英德哨失利，坐踣者五六百人，賊積骷髏爲山，
謂之人頭山。公詢土人，得其戹塞，夜從撐腰石襲登土
嶺。天明，衆見前人頭山又嶂複木深，無不股弁，咸欲出
議請濟師。公曰：勝敗無形，惟計之得。況我兵已深，去賊
不遠，萬一困我退出，覆諸歸路，夾而脅我，則一人不可
生矣。乃眴兵曰：莫成日，鼓之，分左右中三路以進。賊有

豬獪者振飛而上莫成一矢斃之羣賊墻立公拍馬爭下橫衝直突應手而倒連戰賊大潰遂傾巢破之前後斬首一千六百有奇深谿絕峒之間幾無噍類矣公遇敵輒奮臂當先短衫敝屣與士卒同結束數有人至軍者皆不識語之亦不信營中薦草假息不責供張濁漿糲食或厭粱肉其于懸車束馬之隘徒行至數百里不勸公既甘苦食淡行間所得貲財人得自有之下走馬卒亦使之得以盡言以故顛倒才知柔馴嶽強皆樂爲之用嘉靖

楊憲副必進，任廣右時，嶺南猺獞峒居險阻，多賄士吏爲耳目，蔓延不可制。會兩廣聚兵攻古田鳳凰寨，三月不下。公猝至其地，閱獄，出囚之壯者二百人，許其自劾，陰部勒之，夜分篝火自間入，諸囚斧木仰登，出寨後，焚其巢。諸司夜見寨火，爭踴躍相賀，及明見諸囚出諭，故始愧謝不及。嘉靖

嘉靖十六年，阿向與士官王仲武爭田搆殺，仲武出奔，阿向遂據凱口囤爲亂。囤圍十餘里，高四十丈，四壁斗絕，獨一徑尺許，曲折而登。山有天池，雖旱不竭，積粮可

支五季、變聞、都御史陳克宅調水西兵勦之、宣慰使安萬銓提兵萬餘來、相持三月、仰視絕壁、無可爲計者、獨東北隅有巨樹、斜科偃蹇半壁間、然去地二十丈許、萬銓令軍中能爲猿猱上絕壁者、與千金、有兩壯士出應命、乃鍜鐵鉤、傅手足爲指爪、人腰四徽一劍、約至木懸足、即垂徽下引人、人帶銃砲、附緣長徽而起、候雨霽夜昏黑不辨咫尺時、爬緣而上、微聞刺刺聲、俄若崩石、則一人墜地、骸骨泥爛矣、俄而長徽下垂、始知一人已據樹、乃遣兵四人、緣徽蹲樹間、壯士應命者夜懸木間爬緣而上至圍頂，適爲賊巡徼者鳴鑼而至，壯士伏草間，俟其近，揮劍斬之，鳴鑼代爲巡徼者，賊恬然不覺也。垂徼下引樹間人，樹間人復引下人，纍纍而起，至圍者可二三十人，便舉火發銃砲，大呼曰：天兵上圍矣。賊衆驚起，昏黑中自相格殺，死者數千人，奪徑奔下，失足墜崖死者又千人。黎明，水西軍蟻附上圍，克宅令軍中曰：賊非鬬格而擅殺及黎明後殺者，功俱不錄。自是一軍解體，相與賣路走賊，阿向始與其黨二百人免。及班師而以三百官兵戍圍，月餘，阿向復糾爛土黑苗襲圍，盡殺官兵克宅欲勤兵勦之檄參將李宗祐往復敗績賊遂擁宗祐去克宅大懼以千金賂賊贖宗祐出之事聞克宅落職仍勑安萬銓勦之萬銓乃招阿向許以不死責王仲武均其田而亂始息嘉

永寧宣撫司所部有羿蠻者凡四十八寨通四川九絲夷而時蠶食貴州之永寧焚廬舍廐置繫纍男女旄倪不時贖輒剄殺之所過儋石之儲無慭遺者時新營三殿貴州當采木木產諸夷以羿蠻故方命王公重光參議貴州奉撫臣高公檄討之公進薦紳鄉老若博士弟

子員峴暢兵要者咨詢蠻所繇叛與其道里險夷種落强弱翔實曰吾知所以辨此矣蠻負固久謂我厚集兵而後敢入狃不設備時乎時乎則師宜速彼迫而散走亡命匿藏我兵深入大索將奈何則蹊隧宜杜乃部署諸材官有膂力心計者得指揮丘東暘以兵三百人守水落古隘口指揮使桑珪以兵三百人守得要關指揮使李蕚以兵五百人入石圓坪而身率敢死士千人以千百戶袁孺林成棟等分領之昏乃戒令秣馬食士夜中乃令服兵擐甲銜枚疾趨既薄巢窟蠻寂無知者公

乃周麾而呼鳴金鼓丁寧錞于士讙譟屋瓦盡振聲動天地灌腊束葦爇之光明炫燿蠻皆愕卒起不意竄東西則丘隰等扼吭犄角一二潰圍者立磔之蠻乃大哭酋長肉袒伏斧質詣吏請死公令舌人召酋前數之曰何以謝吾死亡者則取首禍榜笞數千甚者皮面決眼到和門下何以給吾被鈔鹵者則願以夷俗十償一何以明不叛則棄其鎧弩散髮獻體無持尺寸兵何以明久要則棄箭牌歃三物血乃釋酋縛予杖衆羅拜乞哀公始貫之爲更約束易置軍吏而退嘉靖

高都御史翀爲貴州布政時，會徵三殿巨木于貴，而木出四川酉播窮山絕谷，假路生苗，浮溪澗乘漲乃出，諸苗故伺隙以逞，見木政方亟，官司無他餘力，遂相望而起。公曰，彼犬豕。獨奈何欲窺吾力短長而爲此乎。叛苗不殄。則木政不得通。乃列議上請，命公便宜從事，時黒白羿蠻首亂，公策此酋獨𧶠無知識，乃吾民誘導者使然，于是俘其人，警之，二蠻懼，乃投質不戰而定，叛卒李昂者，擁衆稱雄，諸夷酋倚爲重，梗雲南貢道，兩省患之，公釋脅從，離其黨，使間內應，乃揚兵臨之，鼎鼓譟至我

兵四合內外夾擊昂乃成擒諸寨皆驚相告散去嘉靖

劉太僕穩備兵南韶時山寇馬五陳倫盧本清等皆以計擒服獨黠賊官祖政者爲群寇雄長難於殄戮公陽爲不問狀以懈其防密令祖政妻舅何某者圖之故泄其事於祖政馬夫口于是二賊生疑互相格殺部落死者幾六百人公曰事可舉矣乃上書督府題請大征分兵六哨夾進追殺祖政于黃峒俘獲被虜男婦幾千餘黨撫化不爲窮治羣黎懽呼震地隆慶

南刑書李公遷總督兩廣時左廣蘇繼相據揭陽之黃

綦僣稱王而其黨曾魁杜高山犄角爲聲援廣之大帥郭成故以總督劉公燾檄討破之且下矣而繼相通成之私人戈楠入賄于成以免公刺得其狀召成切責之曰左廣費大司農金錢歲可二十萬今三盜如故而汝若不聞也者日幸酒被色歌舞自愉快安乎且汝之入三盜賄而縱之也吾非不知姑貸汝死責後効汝能自勉勵否成惶恐叩頭曰蒙貸成死苟不擒三盜者必不敢復戴首而謁交戟也公即調兵二萬使成與諸將分將之成乃强白力斬戈楠以徇師遂破繼相衆窮追之

獲于五房，復破擒曾魁。兵少倦，杜高山乘間襲奪資餉以去。公切責諸將躡之，破其大節寨，窮追獲于銅鼓嶂右岑。又舶主許瑞者，擁萬衆出没近島，諸帥私其賂而陰蔽之，取覊縻而已。會倭奴三百犯廣之大金門，而許瑞相引恫喝為重。諸將入問筴，公笑曰：吾已付倭許瑞矣。以武往，即千人必不勝也。第令裨將將卒二百人往，俾攝市人立睥睨間，而使監司檄諭瑞：若名事中國而不純，今急取倭自効；不者，大將軍悉二廣兵殲若矣，非可賂免也。瑞皇怖，擒倭艘悉獲以獻。隆慶張少保佳胤之塡浙也，浙當兵變後，甫代任，而市民之亂復起。始杭城諸柵俱有役夫司干陬，諸土著者募游手充之。其後必取身役，其人惰，多借貴勢以免，夫數益以狹，役益迫，而游手無所得食。僑客丁佐卿假利便言之監司，弗聽，意忿忿曰：謂吾曹無爪距耶？寧嘗卒之弗若。譟之市猾，相構詛爲亂。而會佐卿坐他法，郡囊三木以狥，市猾相與慕奪之，諸亡賴子益麇集，行焚貴勢家，謂庇其應役者，遂破兩臺使門，使者跳，與三司俱匿跡佛廬以免。事聞，公謂其人曰：嘗兵哨海者發乎？曰：發矣。

而二營畱閭畱者不與市民合耶曰未也公喜曰吾得之矣速驅之抵鎮而民行剽愈甚公以輕輿出諭之而從者材官劍客數千人皆彀弓挾鳥銃以從公直前臨橋而諭曰汝曹毋反反則以天下兵孥僇汝矣且汝必有所苦曰苦夜役耳夫强有力之家倚貴勢之家以免而監司守令若弗聞也者公曰易耳奈何以汝一憤易汝族即下令除役衆姑叩首退既退而行剽巨室竟夜火光亘天公夜草檄賫明使一校馳諭之衆裂其檄公大怒曰上命我誅亂卒今乃見亂民而靡耶召游擊

將軍徐景星使呼二營之長入，而慰勉之曰：亂民極矣。雖然，非爾曹比，易剪也，何不自以爲功贖罪乎？咸踴躍聽命。公又呼黠卒之首倡亂者馬文英、劉廷用，曰：聞汝二人前自縛請死，壯士也。汝死法，胡不死義？且未必死。二人亦踴躍聽命。公乃約束二營壯士，使景星帥而討亂民，凡四戰大敗之，生獲百五十人，至轅門，而丁佐卿與焉。公擇其豪得五十人，皆斬首梟轅門，餘悉下獄。其從亂者咸惕伏，或鳥獸散去。公因陽好謂二倡亂者馬文英、劉廷用曰：罪可贖矣。予之冠帶，二人意自得，揚揚群卒間且有所侵侮群卒大怨謂若倡我以亂自爲功得官而使吾曹尚㒟㒟也公處是二渠者與衆心左無能爲矣乃與兵使者顧君養謙謀俾發諸營之卒哨于海而密以名屬徐將軍下令縛之至軍門并文英廷用數而斬之餘皆赦弗治仍呼平亂者二營卒諭之曰吾非不得若主名以昔有微勳耳且吾不欲食言羣卒咸股弁唯唯既而曰吾曹始能食寢矣萬曆

浙營兵怨撫臣損餉而桀賊馬文英楊廷用率七隊桀黠者陳德勝等辱撫臣相團結横行闤奪莫之誰何市

民又以禁顧役抗令烏合毀諸臺司門焚巨室光燭天司馬張公佳胤下車召諸營兵討亂民自效所誅一百五十人而念亂兵猶未麗法時顧公養謙以霸州兵備爲司馬公留改杭嚴道乃進說曰誅亂民宜速誅亂兵宜緩緩而不密其憂方大或取他事罪之或襲取之不足示武因與張公密計益公嘗諜知諸兵前辱中丞時文英廷用詭自縛請死要其衆曰我以一死易若輩生其爲我具棺歛給妻子費衆歛數百金與之不死卒不償金衆大悔恨以言語約無文書致賣我輩隙可乘矣

會春訊發諸卒哨於海而密以亂首名屬徐游擊景星縛之軍請張公臺斬之公乃單騎按行諸營羣卒咸股弁召之前若等在死法中第首亂罪有所坐貫不罰衆頓額伏地唯唯曰吾曹乃得安食寢也張公深嘆服臺省乃爭推轂公邊才矣萬曆

顧侍郎養謙平廣寇時寇張甚先是民有訟言寇害求勦者實賊使間嘗公也公謬爲緩詞示若無意於賊者既又以屯兵可撤先後散遣之衆益駭公所爲公實陰勒部署度道里遠近會賊要害密授函符符面各書至

某日某所發，發則各兵方略，諸路兵同日而集。賊恃阻險，不意大兵深入，一鼓而擒其渠魁，餘黨悉平。萬曆

王都御史儀備兵蘇松時，秦璠、王良以南沙反，遂哨狼山。公策總兵湯軍福山，以與賊遇，將戰，公登壘望曰：徐之，利未可趨也。令舟師與遇，遇皆北，賊易我不備。公曰：可矣。夜半擊楫上，長矛火箭齊發，賊倉皇亂江中，盡殪。萬曆

林立以訓導攝文昌、陵水二邑令，時黎寇萬州，大司馬連江吳公授公甲，搗其巢。巢有兩隘，黎伏兵左隘，使其

黨僞爲耕者、紿我從左、公策之、趨右、黎出不意、大敗走、追至丫婆嶺、峻甚、會日暮、且雨、裨將請營山下、公叱曰、此非僉將軍没兵地耶。亟策馬先登、士畢從、黎復不意、敗走五指山、公窮追至山顛、悉破降之。萬曆

沈都御史子木備兵右江、殷中丞正茂用公策、洛容柳城八寨諸猺以次蕩平、而懷遠縣居猺峒中、故無城郭、馬令者、奮欲城之、諸猺恐、遂殺令以叛、詔督撫議勦、督臣檄公以府江戍兵討之、而兵已及瓜、方束裝待歸、復驅之遠征、已懷怨、會大雪没膝、不勝苦、遂鳥獸散、賊

知之、將奮力犯我、同事者與公俱駐融縣、去賊止三十里、議棄融還、公曰此引寇自逼也。吾一退、諸屬邑如破竹矣。咨期總兵李公錫、督指揮黃鸞率浙兵三千直趨長安鎮、扼其隘口、賊怖不敢出、乃徐調諸營兵土兵、分道進勦、連破七十餘砦、斬首三千級、獲縣印、俘其酋。萬曆潮州海兵以粮不給、叛擾廣州城外、爲盧督府吳公桂芳請于朝、以僉公大猷平之、公謂吳公曰、今賊在海中、若露其攻之之形、彼有揚蓬去耳。且當款之、控縱有漸。未可以旬日必也。乃厚集舟師、多行間諜、以疑賊之詗者已而俱不然衆益信不爲備分財而競公偵得之遂麾諸海舟兵乘夜擊之無一脫者吳公復興十萬之師屬公以二源之役二源山袤千里懸峭嶮巘賊據峒圍奪如蜂房水渦互相唇齒介三郡六縣之間李亞元擁據雲溪尤稱險固三郡之兵環視數年而莫何公曰此當誘而聚之者也乃遣王鑾盛騶從充裨將爲反間王鑾素機敏善挑弄賊得鑾遂自喜而公且發兵擊諸巢之不下者以趣之諸巢果畢聚雲溪以緩討乃陽言誅李明過雲溪巢賊見兵至錯愕欲出鬭王鑾紿之曰此

必移師誅李明左路耳乃出牛酒勞兵須臾兵悉集圍之數匝巢固不可破銃砲雨下諸軍以藤牌遮矢石四面仰攻而進烈焰漲天賊燒死無數斬俘四千餘級生擒李亞元王鸞竟與一賊首偕出公乃賞先登酬死間因乘滅雲溪之威發兵擊東峒賊率衆下鬭如高山轉石我兵競仰戰拾級連步而上蟻附至山顛遂獲鄧廷鳳等斬首二千餘級初公之擊東峒也令上杭兵殿後上杭兵皆公昔所撫賊人頗難馭以東峒形險非彼莫敢先登者故遲遲不即發不知公故欲其遲遲使無功

以愧之也。及是，甪伏自請擊黎永元以贖，憤氣如沸，乃以把總翁思誨將之。公意叢薄中有伏，先遣人往覘之。黎永元果率千人伏焉，而以五百人出康道，誘我師。覘者以告。翁思誨白諸遊擊縱兵擊其後，而自出陣前督兵疾力戰，遂殺黎永元，入其巢，盡殲之。五月進攻伍元吉丁五峒，焚其巢，遂擒元吉。其諸小巢，公皆各令人統束之者偏移檄，令縛其酋長以獻，諸峒悉平。奏公上公功于朝曰：僉大猷行師以律，筭計如神，董五哨十萬之全師，如奕棋着着先手，剪三郡六縣之妖逆，如振落次

次剿平以爲方叔元老之猷云。萬曆

耿尚書定向撫閩時海賊林道乾剽閩廣間勢張甚島峙星列迄於日際往往爲其淵藪公設方略徧檄諸寨酋并力擒之初我兵得銅銃一爲東埔鎮器相傳失之則災眚立至寨酋皇皇無所據公約獻賊腹心并我兵之陷没者數百人乃以歸之寨酋爇香頂受歡語如沸旋遣使齎金書牙幟來謝誓與暹羅等國擒賊報效且歲請貢以爲常公旣雅有金粟馬羊之誓而又以貢非國舊典郤之弗與通第言東埔寨酋稽顙效順爲諸酋

倡我兵復歸，如獲再世。此皆　皇上之仁覆露使然。卽今諭以擒賊之後，格外懸賞，庚暹羅進有犄角之籍道，乾退無主藏之數，不煩尺箠而折衝有日。自是鯨鯢遠跡，海濱無警，公之力也。萬曆

惠有岑岡，故浰寇池仲容支藪也。酋李文彪者，狙使諸巢，橫甚，有謀主曰江月照，尤狡黠，爲其黨所推。文彪死，月照遂有其衆，恣行剽掠，格殺官軍，鞭執郡倅以下。中丞吳公命兩衛使往招之，月照鞭之百，貫其耳，使歸復命。中丞怒，發兵議勦，兵已壓惠境。惠守黃公時雨寄爲

奏記曰，岑岡險阻闇昧，卒未易以兵碎也。今聞大軍至，衆必心搖。急則蝗，遲緩則獸散，願假歲月，致酋首於麾下。吳公許之，于是移文，爲陳利害禍福，反覆數百言，命縣簿持入巢諭之。月照讀移文，泣曰：太守推心置人腹，吾屬安敢反耶？盛以酒食進簿，簿還報，而月照終不肯自歸。公亦知月照特以虛詞贅我，佯爲聽許，而陰蒐乘簡卒，分置要害。又購得月照私人給事左右偵我動靜者，結以恩信。其人反以彼情輸我，樂爲我用矣。令其人作檄，且自爲書，而以一健吏持往，示照左右，言招撫不從。大軍且至。能棄照自歸者免死。能以照來者受上賞。又印免死小票數千。來投者署名給之。巢衆聞大軍。果心搖。又知招撫不從。然照不旬日。降者三千人。公又以奇計內外合攻。生擒月照以獻。餘寇聞走者。師尾擊盡破之。俘斬二百四十。墜崖塹死者無筭。自是巢寇遂絕。

萬曆

劉僉憲紹恤之在滇也。羅雄州酋繼榮殺其父自立。潛蓄異謀。弟繼仁告變。公使百戶把維岳往探虛實。繼榮囚之。公憤曰。長此安窮。力請討賊。候者言賊以八千衆抵曲靖公檄賊陽示撫而與爲師期因陽貽書把百戶賊誠先發幸甚我以大兵當其前普鮓兵襲其後衷賊擊之無噍類矣我兵某所覆某所覆汝謂覆者勿多殺百戶復陽墮書視賊賊疑不進詒百戶詐降公許之復爲檄示撫而行間其左右挾六丁六甲妖術者則我兵大集矣公與帥劉綎謀曰賊所居三面塞大江獨師宗一線肩摩行我兵輕入賊守隘而斷我歸路奈何即衆悉入而戰賊必退守東龍寨寨險不可援無芻牧薪採餉道不[illegible]雖有大武遠宅不涉姑揚兵境外徐其攻而

酋、共曰、率敢死士七百人、走間道、火攻、奪東龍寨、降者四千餘人。賊聞東龍失、舉火焚州中大寨、奔普德、公料賊以普德餌我耳、勢必走馬蚌。而諜者謂賊以萬金賄普鮓、假道馬蚌走交趾、普鮓長隆有義不敢受、公令指揮張先聲、千戶周宗堯趣普鮓受之、衆言非便、公曰、鹿死不擇音、必且還走而冐人、受之、彼以爲隱蔽、志惰、可坐困也。兵攻普德、賊果遁、公令周宗堯、王寶等以千人覆阿拜江、而賊方士王道、甲胄持大刀、僞爲賊紿我、潛以其衆渡江、百戶李約覺其詐、舍而奔、賊禽之、賊力鬭

我兵有溺水者，恐不能生得，賊傳藥弩射之，斬其首，餘悉降。萬曆

劉都督顯以總兵鎮守四川。先是四川都蠻據九絲山險，叛服不常。蠻首阿大、阿二、阿三竊署稱王，擁衆剽掠。又有阿苟者，居凌霄城，爲三酋羽翼。大盜阿幺兒爲苟義子，勇而梟。縣官凡事招撫，必先求阿苟，又爲苟請冠帶。苟赴縣官領賞，恣其所欲，保旦夕無事。萬曆元年，巡撫曾省吾力主征勦，謀之公，公力任之。奏上，報可。徵集諸府衛兵會于叙州，公分兵剿隘，各得要領，因議用

兵所向、公謂九綵勁兵所萃。卒難拔。而凌霄都都。乃其羽翼。當先破二砦。然後併力九綵。賊無異圜牢中物耳。且凌霄爲阿苟所據。苟數爲蠻請招撫。是可誘而執也。省吾以爲然。于是計遣武生李之實往誘阿苟。阿苟來。遂就械送叙州獄。公悉衆攻凌霄。拔之。生擒阿幺兒、九綵三酋聞凌霄破、撥所部阿墨拒險守都都寨。寨絕壁陡峻。止一小徑。爲木石疊斷。官軍奮力上。輒爲礧石所傷。公計阿墨無謀。阻險可誘致之。乃令膔清兵布列寨前。官兵隨後。各列陣。或坐或倚。皆攘臂笑罵。阿墨果領衆下寨衝殺、我兵少却、賊衆追疾、瀧清兵反繞其後、各兵圍攻、遂斬阿墨、都都破、三酋大懼、于是以阿大守鷄冠嶺、而阿二與方三俱上九絲、鷄冠九絲、雄峙相望、阿大據此、實爲九絲聲援、我兵攻九絲、此酋反睨其後、公詗實、頓兵未敢輕進、謂諸將曰、阿大不與二酋上九絲、意必有異、是可間而携也、密啓省吾、遣監生何鈺庠生王希忠持銀牌綺幣招撫、阿大曰、天兵討賊蠻、當無遺類、爾若聽撫、猶可轉禍爲福、今官軍立破九絲矣、爾勿赴援、即大功也、事平、爲爾請命、求爲土司官、管此地方、不愈抱薪助火同爲魚肉乎阿大銜之希忠鈺日守其寨三酋有使來輒反間恐動之至爲剪髮焚誓阿大遂不復通九絲公遂部署諸將分五哨進壁九絲城門先是土司兵調攻賊賊每啗以金帛比臨陣輒逗撓以誤我師公請軍門給銀萬兩分犒土司戒勿得通賊賄文懸金募敢死士先登九月朔霖雨泥濘石滑我兵不便仰攻各營敢死士有攀木緣崖上者顛仆反墜蠻望見反以爲笑羣蠻恃險頗易官軍初八日雨復大注官兵無一出營初九日雨益甚天晦冥公集諸將謀曰蠻中

九月九日。極重禱賽。禱賽必聚飲盡醉。今我兵數日不便攻擊。蠻守必疲且怠矣。必欲破此城。惟在今夕。于是乘夜陰戒諸將。冒雨銜枚疾進。皆傅危堞。腰絙扳援而上。蠻果以禱賽故。守柵者各醉臥。且恃雨甚。不意卒至。天未明。斬關直入大營。二酋醉夢驚格鬬。會天黑。蠻衆紛拏。我兵亂砍擊。戮蹈籍。及投崖死者無筭。阿二方三逃下九絲。心疑阿大不敢入。鷄冠嶺復走壯豬寨自保。九絲破。阿大方頓足悔恨。收合餘賊以伺官兵。郭成進兵破其寨。阿大逸出。為公部將擒獲。遂進攻壯豬寨擊斬方三阿二、都蠻盡平、是役也、下柵寨六十餘、擒斬俘獲四千六百有奇、得酋王三十六人、招安二千三百人、拓地五百餘里、事聞、陞左都督、加宮保、九絲建縣、名與文、萬曆

吳尚書文華、開府廣西時、昭平賊酋黎福庄、嘯聚流剽、聞公至、佯自斂戢、公亦若爲弗聞者、會方勦羅旁、兵盡東、公陰留魁士三千、屬裨將韓文啓掩擊之、斬福庄、疾攻下五指白月諸峒、俘馘外、所撫定凡二萬餘人、即其地建堡墾田、集新附及諸戍兵、而栁州賊巢非三者、怙

衆負險、跳梁久、諸將莫敢嬰、公策之曰、兵法不動如山、動如雷震、時固有待耳、適有河池啼咳之役、公謂叅將王瑞、倪化中、足仗也、畀卒七千餘、以往、提書聞、即陰勒部署、曰、吾意在北三。今賊不我虞。可乘矣。遂督兵分道進、賊果不爲備、連破七十餘巢、斬四千八百級、俘獲稱是、是捷也、役不再籍、因糧於寇、不浹月而蕩平累世之窟、山菁巖[illegible]之孽、讋公威名、惴惴屏伏矣、萬曆壬辰、寧[illegible]賊劉東陽、許朝、哱拜、哱承恩、土文秀等、忿巡撫党[illegible]制叛卒、特起殺之、遂據城掠堡反、督臣魏學曾以變聞、朝廷旰食、巡撫梅公國楨、上封事、大畧言賊不足畏、獨虜秋高馬肥、勾虜入犯、禍且不細、爲今計者惟擇驍將扼虜使不得入、而後賊可攻、臣見大將李成梁父子、俱足智勇、可使也。上乃命李如松往、而公監其軍、公與如松馳至寧夏、賊嬰城自守、外示卑順、以緩我師、廣結虜衆、以爲聲援、意待秋高虜集、肆其不逞、公以一受降白旗、樹之城南、劉東陽許朝等梯城而下、城上皆控弦挽弓以俟、公單騎而進、與東陽執手、折論神意安閑、詞語慷慨、許朝露刃擬公、公笑而受之、賊不自知其膝之下也。然賊意終奸狡甚，欲求鐵券世守西夏。公悉力攻城，因風縱火，爇其南樓，引水灌城。會守將失防决隄，功遂不終。然賊益懼，所恃者虜耳。至秋，虜數萬果自沙漭大入，斷我糧道。賊遣通官二人爲虜鄉導，餽虜金帛子女。虜渡河，從李剛堡入，離城僅三十餘里。公亟率李如松、如樟等督兵奮擊，虜斬獲過當，虜敗去。賊大失望。是時賊失外援，詭言朝廷有招安詔，爲諸將所匿，將盡殺城中人，以怖居民，故皆爲堅守。公度賊勢，城中尚可支一年，若至嚴冬，此地酷寒，我軍不得也又恐勾虜復入生他變可慮也季秋八日之夜忽有三人來營中云諸賊以重陽悉入大城會酒南城空虛可入也公令覘之果無城守急令李如樟等上南城公繼至餘將相次上城公念衆未易約一妄殺則大城必守不可復得乃大呼云生擒者論功不以級凡我軍生擒一人即與紀錄而仍縱其人所全活者數千城中大喜遂得南城賊勢益孤我軍從非關攻大城益急賊以南城居民子女親戚之在大城者盡縛之置長竿上南城居民痛哭訴之公諸將皆愕然無可爲策公令指

揮董正誼呼謂賊云監軍巳往取許朝之女劉東陽之母矣若不釋放亦如之賊聞傳呼乃巳人心始仍示以未殺降人賊黨驚喜公廉知許朝劉東陽等意欲獻城而憚哱氏父子强其中可間也乃覓居民與哱相識者得一人曰李登令其行間持諭字往哱所曰若併劉許罪可贖也哱見之果戟手哭曰吾父子生矣召其黨畢邪氣等計議須得符印公據乃如約登至公密與免死劄付入城時賊土文秀自作逆後屢有歸順獻城之心劉東陽知之乃僞病托文秀後事文秀入問疾遂殺

之、哱承恩至南門、殺許朝父子、畢邪氣至井樓、殺劉東陽、哱氏父子以殺賊告、公遂開城門、嚴申軍令、不得妄殺一人、城中皆解甲焚香以迎王師。萬曆

蕭如薰爲平虜參將、屬寧夏有哱拜之亂、戕賊文武重臣、僇辱諸王子、疾僭名號、署官屬、如薰奔告諸守將曰、叛者哱黨耳。其不叛者十九。今亟合兵討賊、所謂以脅之半。攻齊之半。勝易圖也。與武遊擊將軍梁繼祖如約、而其中軍頓次不進、會靈州守將有二心、賊遣其黨迫脅諸戍主、凡四十城悉下之、如薰大集部曲、及士、民、楊

赤心報國四字于中庭張帝座號泣而拜曰臣與賊不共戴天願以死自效又泣而諭衆曰死賊死義等死耳死義未必死何憚不爲義衆皆泣如薰又伏劍登壇而令之曰漏師者殺無赦張賊勢以恐衆者殺無赦賊薄城逗撓者殺無赦奸旗鼓者有常刑衆皆諾益乘城濠湟爲木樵虎落渠荅梜聯不絶甫就而賊僞百戶周儉率梟卒馬江千餘騎攻城我兵鳴鏑連弩如風雨賊不敢前如薰陰使人行間賊殺儉復令江持千金誘降立斬江狥于軍散其金犒師賊又使僞署副總兵土文秀

擁衆來問狀，如薰登陴免胄，呼而語之：若與哱拜俱胡雛，急而歸我，非有橫草功，賞延于世，何負若而反？若能誅拜以降，貸若罪，且以功論；不能誅而身降者，亦貸之。吾滅賊而後朝食，寧渠能生與賊伍。文秀氣奪去，而諜之共黨，非連虜爲犄角，齎玉帛子女以奉虜，虜渠宰着力兎、打正二虜許之，將萬騎并賊來攻。如薰身先諜而乘城，衆大呼應之，投藺不發火器，賊退舍一壁，將坐困我。如薰重購死士，夜縋而出，轉餉得一月食，衆益奮。賊偵得，佯遁，衆請出擊，如薰搖首：是誘我也。語未畢而還勢欲趨東南，如薰曰：必擊西，宜西爲備。則積薪西隅，須臾幾與城等，因縱火焚薪，溢炎蔽天，賊救火，萬矢俱發，射死者數十百人。賊攻技殫，而聞援師漸至，恐腹背受敵，踟蹰計無所出。如薰諜之，泣而語衆：賊度我能守不能戰。戰趨死迫，而可以免；死守趨死緩，而死卒不可免。是非戰不大創，吾將死戰。衆皆泣，惟命。于是差次其卒爲三品：下者刁斗，中者扞掫，而分良張左右翼，持滿擊賊，譁扣聲動天地。賊不虞猝至，大駭。如薰馳而抽矢菔，射其僞將哮雲，墮馬死。雲者，拜義子，最號悍鷙，嘗手刃我兩將軍者也賊折非歿傷無算諸援師聞之稍稍振矣賊夜募刺客潛入如薰心動執而誅之賊益窘如薰策曰賊所恃者虜吾不得志于虜賊未已也簡其麾下賈龍等設奇疏捕虜至白沙常信諸堡皆拔之多所斬馘虜驚走如薰復督輕騎逐之生致其長㮋失等五人而先是兵被虜者四人虜以四人來易衆言我四彼五可留其一爲質如薰不可是示虜不信也成敗大數寧係此一人盡返之虜大喜遠徙幕以是師芻牧薪蒸無誰何者賊益捐重貲啗虜如薰徼取之以賞士而四方

徵兵至者數萬，如薰又即軍中拜大將軍鎮寧夏，既抵鎮，與李將軍如松并力搗虜巢，得首虜千級，俘獲如山，賊見之懼，啓南關迎如薰，如薰入撫之，遂進克大城，誅賊黨無噍類，而宥其脅從者，經紀諸欵事者，喪諸臺使先後次如薰功第一。上為晉都督，時年甫三十云。萬曆

葉公夢熊以副都撫甘肅時，寧夏哱拜、哱承恩、劉東暘等皆戍卒，自恃家丁强梁，勾虜叛逆，戕撫臣，脅宗室，虐燄張甚，公洒泣上疏，願捐身討賊，得旨趨寧夏，入靈州，虜數萬騎突至，公命驍將麻貴等，出其不意，破之，虜

復以叛賊召傳城北門公率兵傳戰城下虜大挫遁賊失援喪胆然猶堅壁以拒我師　朝廷憤師久無功逮總督魏公而以公代　賜上方劍公召將士激勸之士人人奮賊晝夜蟻城決水灌城公親冒矢石督戰用神礮燔其樓櫓擊破十着二虜酋援賊者賊氣沮喪公益耀舟師震賊而間貽蠟書以携其黨俾爲內應遂以神礮克南關百道攻擊承恩等懼不知所爲斬劉東陽許朝土文秀函首行成不聽益進兵攻之礮連發如震呼聲動天地哱拜自焚馘之俘承恩承寵傳首九邊捷

上公一切推功前督臣魏公及諸將之敢戰者萬曆

萬曆十九年哱承恩反于寧夏官兵勦之屢失利御史梅國禎舉李如松有大將才乃遣如松統兵往而以國禎監之時賊倚虜為外援憑堅死守如松與國禎議必扼虜不入使賊望絕乃可平也于是遣兵游徼適賊使從虜中歸邀斬之盡得其情防加嚴城堅猝難下衆議城東非地卑而與水勢高築堤注水灌之可立破也賊見築堤急求招撫而陰遣人賫重貨召虜來援且許圍解割地以謝于是虜率騎五萬分兩路至賊遣家丁為

鄕導引寇延慶廣武如松往禦之斬獲頗多會督臣葉夢熊命延綏大帥董一元出塞搗巢以牽虜虜遂遁賊見虜遁而水已及城求撫愈急然反覆卒無成別使人讓虜期再舉而如松所遣游徼復邀得之于是疾選兵據險以待其來至黃峽口遇虜虜注矢如雨衆少却如松手斬却者一人殊死戰虜遂披靡追至賀蘭山斬首一百二十級奪器械駝馬無算虜創不敢復入水滂城城隳如松遂入南城不戮一人大城居民聞之有思獻城者矣如松語國禎曰賊今勢窮自相疑懼間可入也

于是遣李登往會賊黨周國柱反正圖賊承恩殺許朝
國柱殺劉東陽事遂平而如松進右都督萬曆
武布政尚耕憲副四川時賊乃酋撒假者與鎮夷白祿
連爲逆公計誅之賊迎戰于廖河公令天全酉陽土司
兵擊之而潛師亂上流繞出賊後賊驚潰斬白祿子阿
則等獲渠魁阿擺賊退據馬蝗山公麾兵進奪其積儲
以餉軍賊復據大鷹厓阻馬溪固守欲老我師公以除
夕進兵乘虛搗其巢斬白祿于陣賊已膽落公又冒大
雪進兵乘賊之不意過險即蟻附而登大鳴鼓角賊驚

駭失措鋒鏑交斬數大酋遂追破賊乃巢斬撒假諸巢悉平萬曆

播賊楊應龍變告急以李公化龍總川湖貴軍務六月并道入成都賊屠綦江城公銳意剪滅顧兵力略無可恃以計緩之移文詰責意若示撫而厚集兵分八路路各三萬四川綦江路屬帥劉綎南川路屬帥馬孔英參政張棟護之永寧路屬副帥曹希彬合江路屬帥吳廣參政謝詔護之貴州分烏江沙溪平越三路屬帥李應祥按察使楊寅秋參議張存意護之湖廣偏橋一路屬

帥陳璘按察使胡桂文叅議魏養蒙護之諸偏裨郡邑長佐取便宜更置轉運芻粟登壇誓師所不同心戮力者殺無赦公計賊穴海龍囤必負固老我師宜協攻囤楠木山羊簡臺諸峒爲逋逃藪婁山崖門桑木諸關爲門戶宜先斬關責在蜀矣湖廣偏橋外九苗遺種賊恃爲援四牌不掃三渡不通囤未可攻也貴州夷獠而兵寡軍興不給水西與賊唇齒無令鉥賊責在楚黔矣客援機宜而行已破諸峒及關門賊奔據三圓山山高海龍囤數十仞列柵甚堅我師死戰拔之賊大恐挾妻子

夜遁囤上、而以鐵鑄關爲守、會霖雨、白日晦冥、公督兵弁攻破之、囤前重岡複嶺、賊弩石雨下、我師仰攻不即克、或訛言酋死、人無鬬心、公適奉太公諱、慮諸將解體、投淚艸檄爲師期、益購梟卒先登奪、誤報酋死者官、令斬賊自贖、連破長坎馬瑙青龍諸囤、入三渡抵白田下、令五師分日攻囤、諸路兵蟻附雲梯上、賊窘莫知所爲、雉經、炙縛其婦若子女若黨與無噍類矣、是役也、進兵纔百日、斬首二萬二千六百有奇、生致諸部落酋千一百有奇、俘賊屬五千五百有奇、招降賊十二萬有奇、拓

地千有餘里、置二府州一、縣八、衛一、與中土等、分隸蜀、黔、設元戎憲使鎮之、萬曆

卷之六終

皇明臣畧纂聞卷之七

江西右叅議前湖廣督學使常熟瞿汝説輯

兵事類

擒

土木之變，中官喜寧以胡種隨英廟北狩，因叛逆，引虜寇邊，索金珠綺帛無厭，深入畿關者二，中外苦之。時江福爲萬全右衛守備，寧邉腹心高鑾來邉，佯言和好，實欲誘我軍出而襲之，福覺，因與鑾結歡，動以忠義語，厚賂之，鑾頗泄其情，福遂以圖寧事密告鑾，且許以成功則歸汝鑾遂應諾而去福尤慮賊情譎詐恐我勢寡不敵請益兵於總兵等官朱謙楊俊各率兵來會後二日俱伏兵于野狐嶺關左相去數里許至期寧果遣鑾先來會盟少頃自領兵百餘騎至福令指揮胡觀等帶領壯士十餘人皆衷甲外飾常服各執餞具福出關迎之託以乘輿變遷君臣危辱且行且泣寧亦爲之泣下福因邀寧下馬奉酌寧初難之鑾復從旁贊勸再三遂下馬相勞苦如平生福見虜衆擁迫又以懼怯爲懇寧信爲寔然麾斥其衆使却酒行間福目壯士因就擒之闕

内伏兵皆鼓譟疾馳而出城上巖卒亦奮發鎗砲並舉
喊聲動地虜見墮計皆長嘆遁去並擒虜酋火刀火孫
自是我軍思奮邊境少寧英廟旋得回鑾禍之功不可
少焉　景泰

指揮袁彬從　上皇北狩時有喜寧者亦內侍也數導
虜入寇又嘗忌彬欲殺之彬乃言于　上皇遣寧傳命
宣府參將楊俊索取春衣令軍士高磐與俱密書繫磐
髀間以示俊俾因其來執之旣至城下俊出與寧領書
磐抱寧大呼俊從兵遂縛寧至京師誅之自寧旣誅虜

失其嚮導，稍稍厭兵請和矣。景泰

景泰辛未，潯州都指揮黃竑殺其異母兄思明知府㟢及其家七百人以滅口，副使劉公仁宅與曾參政翬往治之，居月餘，盡得其迹。竑乃使人持千金私二公於馬平驛舍，且約事定後，其子當得府政，則盡輸其府藏若干。而父子各擁兵數萬於外，以相挾撓，聲勢甚熾。公陽許之，乃留曾公於潯為約，而去至南寧，竑二子來迓，公伏甲士縛之，曾公亦誘執竑於潯，以歸論死。竑窮蹙，乃陰遣人上京師造姦謀以徼恩澤，果得釋罪，且進位都

督乃使人握撫他事中公公遽委政去天順初既復
備位竑飲藥死其子皆伏誅景泰
廣西柳州府茶洞山斗絕上濶下狹不可登躋惟有磴
徑磴級險峻之甚天順末賊首黄鑒誠據有之嘗出寇
官軍戕殺都指揮并叅政二員朝廷責總兵以下督
獲甚急賊乃坐崖嶺上大言曰吾有地可居有泉可飲
時發一擂石下能斃汝萬人官軍從天上飛來取勝耶
時總兵歐設計募小軍一人年方十四五白好如女子
且有膂力應對機警以金墜墮其耳金鐲束其臂爲蠻

裝僞爲慶遠蠻軍朝灌子往說之朝灌亦賊首二豪自相畏服歐公復擇軍中勇而有口捷者三十人各授計晷從行至彼見鑒誠告曰兒領父朝灌之命來見王伯願約兩軍合擊柳州兵盍暃者王伯之勢官軍已喪膽矣今復一鼓而進襲其衰勢如破竹惟王伯定計擇日以進事成則一郡一邑之富皆我兩家所有願王伯嘉納此行不可失也鑒誠還坐椅折其足其妻謂鑒誠曰此不利之兆不可遽信小子而行小校復曰王伯決矣王伯不從兒即告歸倘兒父取之王伯切毋後悔即拜

鬭鑒誠以其言激于心，乃與小校食訖，即促行。小校又進曰：「此行不宜多率部下，止可并兒家之從部卒不過百人，間道而往。」鑒誠然其言，乃選刺刀手四十人自隨。旣而令曰：「晚從吾妹家宿。」先是，歐公許其妹及夫千金，約同獲鑒誠，獲後别有重賞。鑒誠下山，先命小校往報。其妹與夫果以酒殽來迎，至則宰牛爲饌，大享之。諸刀手皆醉。小校密遣一人報歐公。鑒誠爲妹苦勸，亦醉而卧。至夜分，官軍猝至，圍繞重密。其勇士各執利刃亂斫，刀手不遺一人。鑒誠始覺，爲小校揪住其髮。鑒誠怒嚙落小校背項間肉校大呼衆乃鼓消四合鑒誠受縛歐公復命其妹夫入茶洞誘其妻子并其衆下山皆殺之乃重賞小校金帛以及鑒誠妹夫并從行者歐公一舉之神醜類無遺矣天順

懷寧伯孫鏜天順五年充陝西總兵與兵部尚書馬昂出禦虜期七月二日出師先一日夜初指揮馬亮走告公曹欽反謀先殺公及昂奪其軍攻皇城公披衣起急草奏呼長安左門闌人曰與爾奏疾造上前告急變稍遲軍法且斬又走右門亦如之內廷始得集兵縛吉祥

公微服至太平侯張瑾家議討賊賊已呼噪四出劫殺文武大臣　上出密帖隙中令百戶楊能至瑾家問鏜云何能報鏜誓殺此賊　上喜手勑鏜父子為朕用心滅賊賊攻長安右門不得入走攻左門又不得入欽兄弟率胡兵直趨東安門發火力攻　上又勑鏜昇盡統各營兵殺賊公子輔子軏追賊至東市大戰軏奮刀入陣砍欽兩臂傷賊并力圍軏攢鎗殺軏公急調神砲與諸營兵夾攻欽傷遁歸家投井中并其黨盡擒伏誅進封侯或曰公始佯與欽連謀欽留公帥兵公言馬須素

乘熟者。欽令十勇士隨公往取馬、公入門、輒鎖之重重入戮、十兵于家、從後門出、治軍、襲欽。天順

閩叅將黎鵬舉居憂時、夷與土寇所在蜂起、當事環顧、無可仗者、起家領兵、勦賊大岞、磔其渠率王權、賊魁潘若海最狡、懼而謁款、願自効、公召之前曰、若能革心、復何所虞。不者後雖悔之不可食已。乃公足辦賊、無庸若效也。若海請處宇下以徵信、許之、兵使者曰、以賊攻賊法也、授若海兵、逆節萌生矣、虔劉居人、圍奪其財、鉥他盜以叛、公語兵使者、宜早翦滅、兵使者搖首憂不克、公

笑曰、豨竄上騷除。何有。歸、第若海來見、數其罪、若寔棄信。非我之豨叱、縛若海弃市、盡收捕其徒、嘯者所居與公戶對、旣就戮、寂無人知、出大橋小橋、禽海所引盜巳禽大盜尉寄泉於非石頭、令軍如賊裝、亂其黨伍中、容爲識、禽之盡、復斬江一峯許三老等、皆魁宿也、餘衆三千俱降、夷犯與化、犯福淸、俱壓而殲之、閩寇敉寧、成化

孔侍郞鏞、撫貴州時、貴淸平衛所部有曰溪刺者、溪多智數、善爲兵、刺膂力絕人、能破三重甲、持二丈槍、兩頭著刃、以槍點地、躍而起、輒三五丈、飛行稠人之上、以戰

若一二丈川澗跨越之如溝澮耳三人謀勇相扶繇是横門夷落推爲渠魁觀諸苗之附近而稍弱者歲以畜産分給而倍徵其入既得苗夷之利又謀詗我之商民經其地者輒誘他苗令邀刦掠官日差健步往探訪健步必謁溪請訐溪乃要我重賄期爲勦之溪以素不能服之苗遠而悍者指爲賊導官軍往擊捕于是遠苗畏憚亦服從之其後與我司益狎三堂皆有歲賂溪益負恃爲惡滋甚每交訌官苗使鬬以收鷸蚌之利以是清平一境官苗交受其害歲無寧居公初至尚未知往往

見報某地被賊刦殺官兵、某地刦殺民商、公問何以處之、上下皆謂須屬之阿溪、當治、公言清平爲指揮使司。諸土官宣慰等乃命官皆貴且衆、何以不能治軍、更借一寨主力耶。心固疑之、漸詢諸人、人人以溪凶横且私于監軍總帥、言之恐無益得禍、多不吐語、公咨諏轉力、乃得前扇亂諸狀、謀欲除之、因佯叩監軍總帥等、皆回護之、公益信其私黨、知不可與共事、乃獨至清平、復訪求部曲之良有指揮王通者、可用、公召而禮之、因問以所急、通以他語對、公曰、吾聞此中事惟阿溪大且要爾、乃不言何也通不荅往復數四竟默然公曰吾所以異待爾以為解辦大事非輩行等今爾何以酧我通曰言之而公事且辦則一方受福不則齮齕首事者墳墓矣雖公庸不傷威重哉公笑曰何至是遂悉言所以公問溪所任何人何以能通吾上官通曰彼獨藉王指揮陳總旗二人公必先得此二人心力乃可濟公曰吾自能之通謝去公候旬朔郡將校叅揖時號于衆曰今急缺一巡捕官若等悉留前吾自擇之乃徑指王曰可矣獨留之衆出王前公謂之曰汝何以與賊通王驚諱之公曰

阿溪歲賂三堂誰之通我已備知而尚諱耶悚懼不敢言公曰吾今貰汝罪推心用汝汝必取溪自贖仍被濃賞貮貳貮債則重辟不免汝矣王叩頭曰信如公言然阿剌之猛雖欲擒之不可得奈何公曰然則事遂已乎王曰當更得一年少多謀者同事乃可濟公問誰王曰無如陳總旗公曰諾吾今授汝檄令舉謀勇之士帥所部兵來有事指揮汝則徑舉陳與俱來王受令去少之偕陳入見公初問之陳諱駭亦若王屢顧王王曰勿諱吾與若事公已悉知之第當用力以報公陳亦言其難

狀、公曰、爾等第誘之出。吾自取之。陳乃往見溪、溪曰、何久不來、陳曰、新都堂至、故不能來見老王、溪曰、都堂何如、曰、無能爲耳、溪曰、聞在廣解捉賊、何謂無能、陳曰、同姓耳、非其人也、溪曰、賂之何如、陳曰、姑徐徐、何以遽舍重貨、溪留陳食、縱談則及牛事、陳曰、適見道旁犍牸然巨、未審較王家牛何似。溪欣欲得之、邀陳與觀、陳佯曰、何必自行。溪奮曰、必去必去、因顧刺令俱、陳又激之曰、新都堂在。小王豈敢去乎。刺怒曰、何都堂能沮阿刺足耶、因即座以雞卜、不吉、溪言我夜夢大綱、恐不利出、陳曰夢綱得魚牛必屬王矣溪刺乃與陳三騎聯而出至其地視牛耿耳溪詫樂命酒飲忽報巡捕官至陳曰王知之乎王指揮也盍往訪之溪曰俟彼來可陳曰豈有新官遽下訪人乎因勸令往又說令去所佩刀曰新武職官見刀以爲不利是求好反惡也溪乃去之既往見王留坐因戲謂溪刺新上司按臨至境何不夙迎待此來何爲溪刺猶謂故戲漫言拒之王怒曰戲乎吾豈不能執汝溪刺猶笑傲王呼伏出數百人往捉刺刺徒手搏傷數十人竟就擒并溪縶之公又夙造二檻車隨王

令一得溪刺卽囚之徑馳赴貴州無經清平恐其黨刦之也于是一如公命解至三司鞫之論死溪臨問無一語第垂頭請死刺語人曰吾不畏千萬人獨畏一孔公耳然亦不不知其擒我若此易也中官猶爲解救公言吾不究若事猶能解乎溪刺死溪有二子竄都勻公又勅都勻官司經擒之悉殪焉 成化

咸寧侯仇鉞初以揮使充遊擊將軍寧夏正德五年寘鐇反公陷賊中京師訛言公從賊與武營守備保勛者又與賊聯姻爲之外應李文正曰鉞必不從賊勛以賊

姻故遂疑勛不用則諸與賊通者皆懼不復歸正矣白
上用勛爲叅將公爲副總兵討賊命下纔數日勛疏上
言臣母及妻子俱在賊中臣義不顧家恨不飛渡黃河
食賊肉謝　朝廷公亦念妻子恐爲反者所屠遂自大
壩帥師歸反者解甲垂弢以入卽移病卧陰約遊兵壯
士侯保勛楊英諸兵至河上乃從中發爲內應俄蒼頭
書童没河潛入見言諸兵已至河上列營公喉人謂賊
何錦宜急出守渡口防决河灌城遏東岸兵勿使渡河
錦果出而留賊周昂守城公又稱病亟昂來問病公猶

堅卧呻吟言旦夕且死蒼頭卒起捶殺昂斬首公起披甲仗劍跨馬出門一呼諸遊兵壯士皆至遂奪城門擒寘鐇充總兵寧夏封咸寧伯方寘鐇之變朝廷遣張永同楊一清將兵出討一清謂永曰寧夏事不足平仇鉞在彼非久當有捷報蓋鉞自列校楊公識拔以起者七年征流賊功進侯正德

曾侍郎銑爲御史時巡按遼東會遼陽廣寧撫順兵變縛都御史呂經公按部復州衛馳檄往諭乃釋都御史公至軍民涕泣陳說公勞苦父老幸亡恙還都御史行

臺時廷臣請用師又或請借夷兵藏之公專事拊循其
上疏一則曰請緩師一則曰勿窮寇日肆庶頑而縱之
佯莫與較潛物色其元惡詰稽其所往來諸虜謀稍解
一日晨朝將校官屬下令曰三城干紀罔治脇從首亂
者死出姓名衣袖中分配校卒即走各城指授未移晷
而群梟就縛如鼬鼠然無亡矢遺鏃之費而大憝以殄
乃上疏曰日遼東三變臣不佞見大同失畫屠戮慘毒
臣欲以計滅賊故請勿問令已計擒元惡二十七人殺
一人取其元頻陛下神靈軍民帖帖餘黨已停惟臣死

罪死罪。於是遠人懽呼曰：微御史，吾爲大同矣。嘉靖

周都御史滿，副臬廣西時，平樂李進邦、陽朔陸公扈、富

州劉苟勝，皆民賊之崛起者。公倡獨外糾兩賊，内結三

峒，動率千數人出刧，倚險爲巢，跋扈甚。往年制府下令

遣閫帥兵憲先後鵰勦，俱不獲一矢而還。公始至平樂，

策殄寇必先養兵，遂減膳省役，與士卒同甘苦，自訓練

之。閱五月而兵可用。適平樂守以進邦叛故來白，請公

撫之。公乃遣人齎花幣與守俱撫，尋陰部所練兵夜斫

其巢，斬進邦首，焚其穴，兵勢漸振。復詗苟勝嘗奪縣民

女新寡有色者專寵之乃繫女父譙其婿賊死罪陰教連女請歸可密報至期苟勝果挾婦夜至父家勒兵擒之還其女於父公眉始懼請撫公度眉不可鵬勦廉得其外甥壻矢媚在陽朔爲其耳目諜有官兵屢走報之公眉藉得先備以逞乃誘縶其甥壻勒爲服辭附卷示之曰若能捽至公眉不惟貰若死罪且大賚若壻因願自效贖命遂賞之百金恣其出入令千戸朱臣授以秘計是日東下梧州示遠出以弛其備令壻治具山寺請公眉素善筮以筮凶不往月餘復令壻申請筮叉不吉

壻恚曰、山寺之遊、舅志也、兵道又久下梧、何疑爲、舅今不往、請從此絕、公眉重違其意、厚甲重鎧、率精騎來會公、陽遣衆直擣、潛伏精兵于徑、以俟日暮酒酣、壻佯報曰、官兵至矣、舅從徑路可反救也、公倉皇前走、遇伏起、梟公眉頭於路、殺從賊四百人、餘皆麋而辟易、猺獞股栗、不敢近陽朔矣、嘉靖

胡都御史堯臣爲浙僉憲時、安吉有江大祥之亂、據梅溪市、四出掠人、或以反告、公宣言曰、么麼何恃而反。吏處置失宜耳。而潛出、記旁邑簡兵以待、其壺指揚息屏

語奈何公曰無庸將自及虜兵且集傳檄諭以禍福而單騎入賊巢賊感悚叩馬迎公歸安烏程令溥暮以兵來援公恐賊疑麾之退賊乃安遲旦禽其渠魁悉貸諸脅從而梅溪平　嘉靖

馮給事汝弼知太倉時有大盜曰王村者嘯聚數千人出入江海督撫以屬公公請毋拘文法乃召獄囚罪貸其死縱之去令潛鉤其黨襲執之已而又有假棟者復聚衆千餘公哨得其覘者佯置不問一夕忽下令出輕騎會海上兵嚮夜直抵賊營擒斬殆盡　嘉靖

顏副使鯨以御史按河南時伊府人典模者生而兒𡰥走金錢京師內結毛尚兩貴人張王二常侍外及臺省樞要分宜父子尤力爲地上所爲立報所疏請立下又多布健兒飛騎自河北湊京師爲耳目招集亡命商洛懷孟間礦盜鳴鏑之雄爲牙爪諸所爲不法罪惡萬端日伺　上春秋高詗中朝有故卽發監司莫敢誰何先是公將之中州詣徐相國請曰有如輣車鍛矢卒起兩河誰爲倪咸寧王伯安徐嘿然良久曰彼內援深耳目廣黨與衆矣寧夏南昌之甲錯賓挑之公曰正德時奸

諛在朝人情皇恐令　天子攬綱結網何釁可乘試以嫌疑離内交何所不貳以鈎鉅獲耳目何所不濟以生死奪群黨何所不孤數校尉足辦矣願捐七尺爲國殛之徐公大喜手加額公馳至河南以參知耿隨卿往覘卿倜儻多奇畧謂公曰維陽所能縱横數十年承奉王鑑有心計凡公所爲彼力能破之隨卿故識其人謬爲心膂是可説而下也公屬隨卿往説之一夕隨卿潛詣鑑見鑑而無言問亦不荅第微覷鑑嘆息而已乃相對坐久之垂淚起頓足不休鑑心疑問故卿乃屏左右曰

若死期至矣伊藩敗矣馬將軍奉旨以京軍入洛爾名在黨惡且奈何因出檄示鑑鑑故信卿不疑相與伏地泣卿曰吾無以脫爾請爲若交於御史御史得君輸心共討且以君有徙薪功寧獨無死鑑遂潛與卿來見公正色斥鑑所輔王諸不法狀隨卿從旁解之公曰爾第反罪爲功保無他鑑頓首惟命遂與鑑約危府所議輒以報始定擒庶人計公念貴人常侍爲庶人中詗疏上格不下即下諸河北飛騎旦夕且報庶人先矣乃奏記徐公徐公以間說諸大璫中援遂絕御史溫如璋

洛陽人備知飛騎主名潛以授公因爲上書大司馬楊
公言狀楊公爲檄五城及河北監司同日逮捕無一人
免由是京師事庶人不得聞府庶人護衛暨所招亡命
尚萬餘橫行洛城中公念郡國不可無兵發兵則搖人
心適汚寇起公檄郡國集兵東大梁則住汜水扼虎牢
西商洛則住武關南汝寧則守熊耳北懷慶沁濟則扼
河津各集部伍乘城列監以備汚爲名召王鑑齎牒數
千入王宮以散其黨遂上疏劾庶人抗　旨矯勑淫虐
康闇僭妄不道之罪十請亟正法　上可其奏遂下庶

人鳳陽獄、國除、沒入其貲。公念兩河苦庶人虐熖、宗祿乏供數百萬、諸宮女多强奪民間、護衛多亡命、請以金錢補祿糧、賑兩河、軍衛補缺伍、宮女散民間、得旨報可、而群璫以無所乾沒、造蜚語上聞、事幾殆、徐相國馳報公、勿堅持、爲身家累、公不可、曰、從中官。是滋蔓也。某本以百死從事。死而可爲兩河赤子。且甘之、後相國往說陳王二常侍、事得寢、嘉靖

嘉靖二十四年、太倉人王弘、與沈玹、各相訐告江海間事、繫州獄、弘弟海、與傅姓義等、日謀劫獄無間、七月三

日日將晡、賊黨詐爲投狀者、雜衆中、會兵道械送江陰人許貴至、泓等知內外有應、即乘勢破獄門、出州庭大譁、東馳至海上、時巡按呂光洵、適駐太倉、聞變與兵備副使教瓚、遣州同湯珙、偕衛巡捕指揮追之、驗獄囚亡去者三十餘人、泓海貴好義等、得六舟、馳騁焚掠、敗官軍於劉家港、遂欲深入、湯珙傳報、瓚召知州周士佐、速集舟師、以府同周希程、揮僉文相統領、庚子、攻南沙、沈珙請從軍自贖、相以珙與泓海侁也、可用、遂使率其黨居前、軍至龔塘港、戒諸舟前後相去數十丈、泊中流、無追於岸以絶延燒奔潰之患夜分月明潮壯賊舟果匿其壯士乘潮直來有寄報者珙覺因詮衆以待賊突至不意有備遽并精銳犯前軍珙衆與奮鬬凡再合賊敗殺溺生獲海餘賊多被創溺死好義貴僅駕三舟走入海是夜瑺與士佐等坐待東南門城上將旦捷音至光洵大喜各鄉邑爭從草莽中搜獲逋賊不三日福山邏卒擒好義至江陰擒貴至海盜盡平嘉靖

行太僕商廷試以憲副備兵青州青故多盗而楊恩仁者以其兄殺人繫獄將刦出之嘯聚數千人分部剋期

而動、值公初下車戒嚴、賊不得逞、公偵知其狀、亟以兵掩捕之、賊擁衆走濰、濰多礦徒、公慮其合、急擊之、賊潰公度思仁必走河南、先期遣勁卒要諸塗、獲之、蒙陰礦徒王恭劉顯等聚衆亦千餘人、久不能捕、公曰、是可以計取也、乃誘其腹心厚其者、厚撫之、因與約曰、吾欲取恭顯、今歲且暮、當以仲春爲期、吾以檄來、汝其爲內應功成當爵汝、對曰唯唯、尋呼諸校立庭下、謂曰、若等歲暮各放操、乃遣閫去、而密令諸校兼程薄賊巢、閫歸、卒以公語語賊、且言已放操、賊信之、遂不設備、會除夜方張宴爲樂，兵舉火驟進，賊倉皇狼顧，鼠竄一夕，悉就擒。

嘉靖

劉都御史烎臣備兵天津，山右妖民肆毒，蔓延河間大名之間，巡臺下捕治之令甚亟。公意驟勦之，玉石俱焚，給執令者曰：此地皆我良民，焉有妖賊？速除捕治之令。衆莫測，陰呼謹密幹辦者，授以方畧。賊以令弛謀解，竟擒殺之，地方以寧。嘉靖

龍州、馮祥二州土舍趙楷，龍州土官趙源姪也。源死無子，而庶兄溥之子相與楷爭立。楷知事不諧，說源妻岑

氏謀滕妾私取田州人韋璋詭稱源遺腹鞠外家借其兒子猛以兵三千納之龍州弗克楷又賂北來兩舍人以他事至左江者矯立璋僞檄送龍州左江大震掠殺無數相挈印以奔時守臣以變聞不能制後猛鴆殺璋而璋之子韋應走依楷焉相死州人立其子燧楷復殺之立弟煖壽又殺煖自立一州大亂州目黄安等往田州購相次子寶控狀督府林公富謂寶宜嗣而憚楷不欲急也今楷且懾俟其長而還寶其後寶以五千金并割三十一村以謝楷而還其州楷陽諾陰使應招結

其州目，得往來寶所，寶妻黃亞典通焉。亞典，思明府土官黃朝女也。動息必語應，應以告楷，與應遂謀殺寶，僞言賊夜入殺之。指揮蔡基以狀聞，應以向武州兵千人禁據州治。亞典挈印歸焉，應許割地謝朝，朝又發兵助應，勢益熾。督府檄流官往攝州事，應擁州人據之，不得入。又李寰者，馮祥州土官廣寧庶子也。廣寧死，其孫珠嗣。珠死，寧族弟班攝州事。州目李滿、蘇寄、枝策謀納其族弟珍，黃朝、黃泰助之，遂立珍。淫虐無度，寰謀廢立而通珍妻黃孟，擁兵入，執珍于寢，斬之，遂私語安南莫登庸曰、卽稱兵、願以全州先附也、登庸因厚賂寰爲鄉導、曰、緩急纖鉅告我、翁公萬達備兵龍州、具以事白督府、駭曰、君度諸虜酋何如、曰、兩州近連三亢鼎立、迫之則變生肘腋、內境繹騷、宿之則威寢陵夷、遠人弛聽、楷素狙詐、未可速圖、寰號驍勇、難以兵勝、韋應㥦懦寡慮、計可旦夕就擒、斷其中、務使不相屬、然後楷寰可以次第獲也、督府善其策、屬公謀之、公至太平、使人以他事召黃朝諭之曰、若女寶妻也、家世閥閱、不幸再醮、猶利見佳婿、何至降衡下賊匹體戕俘、設果趙氏裔、則寶兄也、亞與嫂也，而奔於弟，鄙情汚行，尤溷聽聞。思明統有四州土官，方古諸侯，不宜張目覥顔，縱文所爲，自貽耻笑。應誠乳臭奸命，據徼不足汚蕭斧，但人言汝以兵助之，豈眞耗焉，自昧王章耶？夫以女誨醜，以兵助賊，是黨亂瀆倫也。瀆倫無耻，黨亂當誅。我方問罪於交州，陳旅於邊嶠，法行自近，汝亦何辭？朝叩頭出涕自白，公曰：好爲之。汝女倘改行，我爲汝原之。賊應孤雛，無容喘息。朝惶恐惟命。公乃授畫，令朝以兵百人迎女歸寧，應必與偕，可擒也。已是，公理舟下南寧，亦不疑，夜授指揮錢希賢領勁卒如畫馳伏路左伺應至擒之械致督府論死以其印畀流官署焉楷寡二人大恐公又遣人諭寡曰天子將有事于南夷邊圉之臣有用命者尊官可立致也寡遂自薦曰願効力公許之虜力能扼寡者黄泰也乃故搜往牒數泰罪狀部索之泰懼公又遣人諭曰人言致李珍之死者汝也獄必首汝泰益懼且辨公曰毋多言能擒寡即貸汝也泰謹諾公遣指揮錢者賢徵兵泰所部勒若行邊者至馮祥襲之擒寡并潚寄枝等論死即日榜其黨曰罪止寡他不相及一州帖然行至太平

去楷所且近諸言楷者故不聽州人大譁公曰趙族且殫矣楷本相弟也亦宜立顧負罪不敢乞吾圖遅之耳楷聞之喜公又遣人紿曰汝能以三十一村自贖罪固宜貸且以官畀也楷益喜公又時稱楷智勇冠三軍南征郎可當一面至南寧署牒如聞者言云云不且加兵遣人白督府故泄焉楷信之統精兵千人詣公言狀并以諸村地圖來獻公留語旬日楷遂弛備散其部兵歸取食公于是忽召楷及州目鄧瑀等入見伏壯士刦之曰汝輩罪惡滔天今日不得活宜自爲計楷死官必及

汝子可爲書諭汝黨勿亂也楷懼恐首伏曰楷誠死而
官且食言不及楷子則奈何公曰誅汝正國法也立汝
子存趙宗也言如皦日楷流涕叩地曰楷知死所矣郎
泉下不敢忘大恩乃以書諭其黨曰業已如此亂無益
也可善輔吾子以存趙祀公得書杖楷等至死遣人持
楷書諭州人并檄宥其黨公剗除三雄不動聲色而禍
本悉拔斧鑕昭明其功深而不露者類此嘉靖
翁事務公既擒楷等尋進兵討斷藤峽酋侯公丁公先
廉得百戶許雄通公丁封之曰能擒公丁貸汝死雄懼

請自劾公佯庇公丁捕繫許公丁者數人公丁果遣人自列公佯許之又令雄假稱貸爲賄公丁益喜信雄不疑公有事他郡以事屬參議田汝成語之故汝成召雄申餙之雄紿公丁詣汝成自列言寇堡事由他盜汝成亦慰遣之乃密授意城中居民被賊害者家出毆公丁一市皆譁遊徼并逮公丁入繫獄遣雄語其黨曰寇堡事公丁委罪諸盜果否諸盜遂言事果自公丁聽論坐不敢黨乃械致公丁于軍門誅之　嘉靖

王直者歙人也嘗海禁之弛直與葉宗滿謝和等之廣

東造巨艦將違禁物抵日本暹羅西洋諸國互市者五六年夷人信服之稱爲五峯船主則又招聚亡命若徐海陳東等爲之將領從子王汝賢義子王滶爲之腹心而傾貲勾引倭奴爲部落會五島夷亂直有宿憾於夷以兵殲之而聲言宣力本朝以要重賞將官餽米百石直怒投之海中又嘗以扁舟泊列表參將俞大猷驅舟師數千圍之直以火箭突圍去然中國益深且恥官軍易與也乃更造巨艦聯舫容二千人以木爲城爲樓櫓四門上可馳馬據薩摩州之松浦津自稱徽王而三十

六島之夷俱從指使時時遣夷漢兵十餘道流刦濱海郡縣如履無人境是時直隱身坐遣諸寇每戕破處必詭云某島夷所爲也故東南雖知王直之叛而不知受禍之慘皆由直者獨總督胡公宗憲度賊情形必爲直坐遣無疑以先所收繫直之母子於金華府獄者至是出之豐衣食絜第宅奉之以爲餌而疏請以移諭日本禁戢部夷爲名其實注意伺察直也　上從之乃遣生員蔣洲陳可願充正副使以行公以密計授洲等曰王直越在海外難與角勝於舟楫之間要須誘而出之使

虎失負嵎之勢。乃可成擒耳。又曰王直南面稱孤身不履戰陣。而時遣偏裨雜種侵軼我邊圉。是直常操其逸而以勞疲中國也。要須宣布皇靈。以攜其黨。使賊勢自不能容。然後導之滅賊立功。以保親屬。此上策也。洲等至五島。遇王滶。道以移諭事。滶曰。無爲見國王也。此間有徽王者。島夷所宗。令渠傳諭足矣。見國王。無益也。明日。直出客館。見洲等旌旗服色擬王者。洲等心動。坐論鄉曲。設酒食相對。情欵方洽。洲等曰。總督公遣洲等敬勞足下。風波無恙。直避席曰。直海介逋臣。總督公不曳尺纏牽而鞫之、而遠勞訊使死罪、洲等曰總督公言足下稱雄海曲。志亦偉矣。而公爲盜賊之行。何也。直曰總督公之聽誤矣、直爲國家驅盜、非爲盜者也。洲等曰是何言與。足下招聚亡命。糾合倭夷。殺人標貨。坐分鹵獲。而爲之辭曰我非爲盜者。是何異於昏夜操弓以臨人之池。執之則曰我非盜魚者。爲君護魚者也。雖三尺童子。知其必不然矣。直語塞。洲等曰總督公統領官軍十萬。益以鎮溪麻獠大剌土兵。艨艟雲集。戈矛兩注。水陸戒嚴。號令齊一。而欲以區區小島與之抗衡。是何異踶螳臂以當車轍也。又曰總督公推心置腹。任人不疑。扳足下壽毋令妻於獄中。館穀甚厚。則公之心事可知矣。何不乘機立功以自贖。保全妻孥此轉禍爲福之上策也。直嘿然而罷。乃挾洲等巡數小島而還。而從此風聞外夷隨其順指者、頗少、變而叛貢、倚直爲淵藪者、多、有離心、直始不安於彼矣、初直聞毋妻爲戮、心甚忿、欲犯金華、及聞洲等言無恙、又竊喜、於是始有渡海之謀、自夜集所親信者計之、謝和等曰、今日之舉、未可冒昧往也、當遣我至親爲彼所素信者先往、宣力以堅其心、待彼不疑然後全師繼進始可以逞直笑曰妙算也遂托宣諭別國爲名留蔣洲在島令葉宗滿王汝賢王激同陳可願回至寧波詰之皆云宣諭未至時徐海陳東已擁薩摩洲夷過洋入寇矣今王直歸順先遣葉宗滿等投赴效力成功之後他無所望惟願進貢開市而已公得報已揣知其計姑從所請疏上許之公喜曰虜在掌中矣先是海中倭寇敗沒有零寇百餘據舟山爲亂公遣葉宗滿等協助官軍勦之盡殲焉公疏上功次犒賞有差王激笑曰此何足賞若吾父至當取金印如斗大

已徐海等果擁衆寇松江嘉興諸郡甚急公乃諜之王滶等以觀其意滶等初欲小試懇懃故甘心於舟山之寇至徐海等正其所倚以圖大事者且欲速直來共濟乃辭曰是非吾所能辦須吾父來乃可耳遂留王汝賢夏正童華等在軍門自以招直爲名與葉宗滿開洋去是年徐海等以次就擒公恐形迹彰露委心留用王汝賢等撫摩若親子然葉宗滿兄弟並加禮遇時時對將吏士民曰直非反賊顧倔强不一見我見我當有處也直聞公意指謂公誠朴可欺欲乘機以全親屬且未知

徐海等敗没以爲縱不如所料亦可與之應援得志而
去遂决策渡海先遣蔣洲次遣王激葉宗滿等率銃卒
千人執無印表文詐稱豐洲王入貢先泊岑港據形勝
分布已定直乃與謝和等慷慨登舟誓曰俞大猷吾嘗
破之列表泊岸時須謹備之公當直未至時已度其有
隙豫調俞大猷於金山而以總兵盧鏜代之盧鏜者舊
王激等從事舟山同飲食拊循倭夷備至直坦然不疑
惟日聚群倭礪兵刃伐竹木爲開市計且索母妻子弟
求官封時公計已定仍姑列狀上請以安其心　上已

知直爲釜魚乃顯詔王直既稱投順却挾倭同來以市買爲詞胡宗憲可相機擒勦不許疎虞致墮賊計公奉詔秘而不宣夜馳至寧波城圖方畧密調參將戚繼光張四維等督諸健將埋伏數匝乃以夏正等爲死間諭直曰汝欲保全家屬開市求官可以不降而得之乎帶甲陳兵而稱降又誰信汝汝有大兵於此卽往見軍門敢留汝耶況死生有命當死戰亦死降亦死降且萬一有生焉直怫然不悅而公與其所親信王滶葉宗滿先遣來見者連床卧因佯露諸將請戰書十餘篇於几案

王澈等竊視驚怖。夜半公作醉夢中語云：吾欲活汝，故禁不進兵，汝不來，休怨我也。含糊其辭，吐滿床。王澈等漏之於直，直始疑之，又使其子澄齧指血寓直書云：軍門數年恩養吾輩，惟願汝一見，使軍門有辭於朝廷，即許眷屬相聚。汝來，軍門決不留汝；藉令不來，能保必勝乎？空害一家人耳。直猶豫未決。公以直執戀岑港已踰五旬，察其心神終屬觀望，乃開關揚帆，示欲進兵。直探知四面兵威甚盛，終無脫計，且知徐海等敗沒，孤立無援，因嘆曰：昔漢高祖見項羽鴻門，當王者不死，縱胡公誘我其奈我何乃曰部兵無統欲得王激攝之公知海上諸賊惟直多智習兵得人心爲難制其餘皆鼠子輩毋足慮遂遣激往直乃桀然詣軍門公執之付按察司獄具疏上請得旨斬直於市梟示海王汝賢葉宗滿皆從末減邊遠充軍王激出洋爲颶風所覆其餘從賊奔聚山谷公督官兵掃除之黨與皆絕嘉靖

徐海之擁諸倭奴入寇也逼乍浦而岸即破焚諸舟令人人自爲死戰併陳東所部數千人攻乍浦城諜者聲言他酋分掠江淮於越諸州郡間以扼援兵而海等當

竄乍浦、下杭州、席卷蘇湖、以脅金陵、氣恣甚、而王直、毛海峯、葉宗滿、謝和、王清溪、又各以其衆屯聚州島、叅將宗禮與裨將霍貫道督河朔兵與賊遇、力戰不勝、遂陷、而提督阮公鶚方困圍桐鄉、總督胡公宗憲乃先以計誘王直、直奉命遣其養子毛海峯款定海關謝過、而公郎計誘徐海、厚遺諜者、陰過海所、曰直已遣子款定海關。朝廷固且赦之矣。若獨無意乎。新總督威名、非曩時比。且仰體朝廷德意、推心置人腹、若不乘此時解甲自謝。他日必爲虜矣。海頗然其計、於是亦遣酋自謝約罷圍去，因以要公稍出中國貨物，遣他倭酋而疏釋其罪。公佯諾，輒以銀牌綺幣厚遣來謝酋，而陰令營中盛兵容私諜者，故縱囚瞰之。酋既德公遺，又內怖公之兵威也，歸以報於海。明日復遣他酋來謝，公覘之如初。凡數往復，海於是始歸心於公。遣酋桐鄉城下，私城上兵曰：某巳聽總督胡公約解去矣。城東門故柘林賊陳東黨也，鷙悍不吾從，若謹備之。是夕，海果道崇德而西。陳東果盛爲樓櫓橦竿以橦城，而桐鄉令金燕者，強幹吏也，城中一切兵仗火藥諸巳繕脩，提督阮公復躬厲矢石狗城上人散千金募敢死士督戰盔亟方撞竿自樓櫓中躍而撞城城幾壞一男子爲繙索圜撞竿所擊故窟處竿至即繙挽以上斬之又募冶者煮鐵汁灌城下酋城下酋不敢逼東既無如何聞海等解去道遠勢且孤亦相與稍稍引去圍始解而阮公出矣尚書趙全督山東河朔諸兵至公計淮揚毘陵之間無足慮獨海爲巨孽閒雖狃而內附中固不可測而海上之賊萬餘人窗吳淞江西引諜者報賊鼓行涉嘉善界欲合海公念海萬一卒他變兩相合奈何因策海始已焚舟爲深

公令不得舟必急于是遣諜詗海既內附何不如故約勒兵擊吳淞江賊且篡奪其輜掠舟以歸海果然其計即日引諸酋逆之朱涇道上斬首若干級餘賊遂夜走以故海不及篡奪其舟而還及他酋之逸海也公又別遣總兵俞大猷伏飛艦海上遮擊之溺且盡于是海既德公不敢背又聞吳淞江賊之出為海兵所遮擊益內怖日輸款于公且遣其弟洪入質公因佯內之公又諜聞海麾下獨書記葉麻為長酋其為人頗黠而悍近與海爭一女子有微郤非用間急縛之則無以殺彼

内附之心乃遣諜就海帳中諷海縛葉麻以出葉麻出而諸酋中故隸葉麻部曲者稍稍怨且懼矣公又數遣諜持簪珥璣翠遺海兩侍女令兩侍女日夜説海并縛東海旣諾而陳東者薩摩王弟故帳下書記酋海固未之能也于是出葉麻囚中令其詐爲書于東反兵賊殺海其書故不以遺東陰泄之于海激怒之使并縛東海讀其書涕雙下益德公之不忍爲東所賊殺之也日夜謀縛東以報公當是時公巳知海之甘心于東不忍疾擊海疾擊之二人迫而深相結則東南之事未易圖而

尚書趙公之至也、私約公共部署兵擊海日急、且召公故所遣諜面詰之曰、若爲我諭海、海連兵以來、罪不容死、非縛陳東、及斬千餘級以獻、恐無以謝　朝廷、若能、則吾當同督府諸公疏釋之、不然、若且虀粉矣、是時阮公亦至、於是海益怖、出所故掠中國貨物千餘金、賂王弟、詐請東代署書記、海因夜得東、即縛以故約復於公。葉麻與陳東相繼縛而諸酋長洶洶內亂矣、是時諸酋長既疑且怨海無鬬心、故其氣日窘、海亦自虞、縱令反故島、當亦必爲諸酋長所賊殺、故爲內附日固、而公與趙公簿責海益急，海既急，因念欲掠舟出海，恐爲海上兵所刼，欲刻壘拒官兵，又業已內附，不忍背，且陳東黨固日夜讒殺之也。公策曰：彼既亂，吾可乘之矣。因遣諜私海曰：我固欲寬若，趙尚書以若罪孽大，何不聽。我攜數十艘海上，若且誘之，逐海上艘，令俘斬千餘級以謝趙公，而若得因以自完乎。海不得已，且疑且諾。因約兵備副使劉公引兵伏乍浦城中，而某日時某當引衆出海岍，去乍浦城半里而陣，佯令衆酋逐海上艘，其手旗麾之，城中官兵即舉燧爲號，從城中出，亟擊勿失。諸官兵卒如故約乘之諸倭酋逐海上艘如蟻不及還兵鬭于是諸官兵得乘勝蹂而前俘斬數十百人沒海者無算于是海自以數有功于　朝廷願與部下諸酋長入款具庭謁公與尚書趙公提督阮公及巡按趙公並許之諜往復期以八月初二日然海猶恐陰設甲士刼之先期一日率擁酋數百人冑而陣平湖城外自帥酋長百餘人冑而入平湖城中求款四公者計不許恐他變遂許海與諸酋長北嚮面四公按次稽首呼天星爺死罪死罪海再稽首款公公亦下堂手摩海頂謂之曰若

苦東南久矣。今既内附。朝廷且赦若。愼勿再爲孽。海復稽首呼天星爺、死罪死罪。于是四公厚犒遣之而出。是日城中人無不洒然色變者。海既出，諸公者固已忿恚海之列欵猶冑而入，屬强脅無禮，又不及如牒故所期日月而先至也，謂不勒兵誅之，禍未巳。于是佯令海自擇便地居之。海果擇沈家庄。公又謀於趙公曰：海與陳東黨業已深相仇，今合而兩附者，迫故耳。沈家庄故東西兩處，而中縮河爲塹，盍説海以西居陳東黨，而自擇東以居部下酋乎。謀以諭海，海果如其言。又令陳東詐爲書夜遣其黨曰海巳約官兵夾勦汝輩矣陳東黨果疑而夜伏邏卒東沈家庄道上瞰之適海皇急因令酋竊兩侍女出道上而急則因間道走幕府以自托邏卒瞰知之歸以報陳東黨陳東黨聞之大驚即勒兵襲兩侍女過海所罵曰吾欵若俱欵耳遂私相猜而鬭海中稍衆大亂明日官兵四合牆立而進會風烈公麾衆東千餘炬人各持炬縱火焚之海窘甚遂沉河死甫食頃人人鶩而攖千餘酋蒐斬殆盡俘兩侍女而前問海何在兩侍女者王姓一翠翹一綠姝故歌伎也兩侍女泣

而猺蕩所自沈處永保兵遂蹈河斬海級以歸嘉靖
沈公希儀在柳州先後十三年名賊宿猾幾盡獨韋扶
諫者兇猾甚嘗七捕之不能得會有報扶諫逃辟巢三
層巢者公潛率兵勦之至巢則又往刼他所而三層賊
妻子獨在公盡俘以歸平時公所俘賊妻子盡以與狼
兵爲賞至是獨不與而閉之空室中善飲食之公又陰
使狼兵數百人怒而挺刀猙獰入室恐諸歸女作欲搶
狀公佯執鞭痛鞭狼兵使退如是者三欲以深德諸婦
女而潛使諸猺聞之以繫其心公又使熟猺謂諸猺之

亡妻者曰吾不害汝但得韋扶諫則還汝妻子矣諸猺四五人來投公公令入空室視其妻夫妻相持哭其小子牽其父哭妻曰非沈公吾爲狼兵殺且搶久矣已而怨相詈曰咄扶諫非汝爹非汝娘何不縛以贖我諸猺心動而別公夜殺牛犒諸猺而去之諸猺蹤跡扶諫所在遂往以言惱扶諫曰還我妻子扶諫不應諸猺乃詭相與計曰今官府虜吾妻子而穿山驛與守堡百戶與巡司俱在山中今往刼之三印可必得也官府懼失三印得重罪以易吾妻子可必得也扶諫曰善扶諫既離

巢則黨益孤諸猺因醉扶諫與其黨而縛之置巖洞中而使熟猺報公曰得扶諫矣恐見賣可遣吾妻子于三十里外相易公以爲吾不遣諸猺且謂吾怯于是鎖諸猺妻刃挾之以行至三十里使熟猺諭諸猺曰諸猺且刼妻子者先殺妻子然後戰諸猺請于公曰吾獻扶諫懼讐公可遣三十人至巖洞自取之公慮諸猺有變乃選健卒十五人賞而遣之又以十五人付之熟猺而質熟猺妻子曰十五人者損一人汝妻子虀粉矣至巖洞中衆得扶諫而出諸猺閉之五里外懼扶諫往而妻子

不至、復要公曰、必相易于此、公又曰、吾不往、諸猺且謂吾怯、于是先遣諸猺中妻女四五人往、言刃挾諸婦女狀、諸猺吐舌懼、殺妻子、帖息不敢動、遂易扶諫以歸、支解之、四懸城門、諸猺出入城者、見之無不股慄、諸猺既熟公威信、調征他巢、雖懼讐、不敢不往、甚而大雨、猺懼失期、泅溪水以應要、有溺死者、論者以為自廣西為將、如韓觀山雲、惟能使猺不為賊、至公能使猺攻猺、前所未有也、嘉靖

沈公希儀在廣西、有思恩岑金之變、初思恩府土官岑

濬叛誅，而立流官，以其酋二人徐五、韋貴爲土巡簡，分掌其兵，各萬餘人，而聽于流官。然夷民獷悍，不樂漢法，數十年間，凡數叛，則數舉兵誅之，而亦不能定也。已而聞濬有子金在鎮安，益洶洶。酋楊留者，在賓州，欲往投金，以是乃入言于公曰：留小主人在，請往。公方慮岑金之危思恩，聞留言，則大駭，以金去賓州近，而留應之，且爲賓州憂。賓州危，則廣右之咽喉立梗矣。乃娧色好語謂留曰：汝第往，我曩征田州，調兵鎮安時，已聞有岑金在，是岑濬第九子也。因低聲作自語狀曰：岑氏其復乎欲以深動留而呼留至寮所曰爲我一言語金若欲官必無殺人刼城若欲殺人刼城任汝自爲之金能聽我言可以狀訴我及諸上司留唯唯公遂與留銀十兩而以花紵方搢之納留懷中爲我寄金得官後爲衣衣之可常念我也公復紿留曰金欲官非賂我萬金不可留曰金誠當盡力然金方倥偬安能辦此公笑曰吾豈遽責金耶且欲得一帖爲信耳自是益信今無他腸矣留出公又呼還謂之曰我幾忘之韋貴徐五素仇汝亦仇金可善備之無墮彼計也留諾金具如公言金大喜真

謂倚、公可得官矣、因率其兵五千人詣賓見公、至城門門者懼而報公、請無內金、公怒罵曰、金非賊、奈何不內、覘者以告金、金心益安、率其衆散入城、而與留及其親信二十人、皆衷甲見公、公曰、金來乎、留曰、來矣、金叩頭、潛以萬金帖子奉公、公復笑曰、若窮鬼、安得此乎、金曰、賴公力得官不窮矣、賴公力、誠不敢忘報公子孫、公戲曰、汝土官多不知恩、汝得官、且忘我矣、況子孫乎、金唯唯、不敢、公乃令其姪出見金、曰、金、汝兄弟也、金得官、他日每一出征、乞金四功與汝、公復爲金計曰、汝賂我兵

備公獨無賂乎金對不敢公曰第寫帖子吾爲汝致公
以兩帖子示兵備矣而火之于是遣金詣兵備始金叛
而留且往兵備甚懼公潛與兵備計此事大禍叵測公
爽情未熟一語蹉跌敗矣不若一以聽我兵備唯唯及
見金但言吾視金有福相以微動之且曰此事一聽沈
公明日公詣金營犒之五牛酒五十尊文明日兵備犒
之如公公復召留與金謂曰倘兵馬殺金是吾殺金倘
暗箭刺客殺金是貴五殺金非關我事今一以付臣可
無賺金也留乃日夜甲而擁金爲備公復遣其姪至金

嘗與金同飲食臥起金自是心死于公矣公欲縛金而憚其衆時廵按在南寧將誘金至南寧乃縛之乃請兵備先往客語廵按以故公謂金曰吾挈汝訴廵公吾代汝詞公爲金作訴稿塗抹四五次以示忠于金復謂金曰吾與汝往南寧倘賁五伏人于路暗箭射汝不若易汝土官裝衣青衣雜掾史中而先我馬令五千人後行金如公言路中飲食公與金同席語金曰賁五以重賂賂吾庖使毒汝則奈何自今以後吾所食汝亦食吾所勿食汝亦勿食可也金如公言而益以公爲愛已行至

思龍驛公晨起耳語金曰今往南寧南寧人皆言汝叛聲甚惡以五千人往則人益疑汝不若散遣三千人而選心腹健卒二千人以往是汝不撤衛而坐息人言也金以爲然遂二千人往復行一日去南寧百里公謂金曰汝至南寧久候而諸從人衣粮懼不給不若以千人營于此而以千人從爲便金亦以爲然從金至南寧者纔千人金入見巡按巡按好語慰之曰吾爲汝奏明日巡按遣人至金營犒其衆而留金以待奏居五六日公度金衆衣粮且盡復謂金曰思恩去南寧近耳何不遣

其半取衣粮而坐待粮盡衆且散矣金復遣其半衆行金所遣千人營百里外者久之亦以衣粮乏稍稍散去而獨五百人尚散處城中吏欲爲計而金所遣取衣粮者適至則從金者又千人矣公知金未可動間請于巡按公且往南寧而以金從可于路圖金也至思龍驛忽報韋徐將萬人陽以迎巡按而陰襲金金驚而跳公出呼韋徐罵曰汝安得擅兵至此金得官與不官惟　朝廷所命汝安得私讐之是時金尚駐近地覘伺而韋徐部中亦有爲金耳目者金聞　公言復還道伏候公公曰

岑金耶、汝尚不知死、貴五兵至矣、可疾入賔州匿吾參將府、則貴五無如汝何矣、金馳馬入賔州、居數日、韋徐復私公曰、請甘心于金、公又怒罵、韋徐亦莫測公計所出也、公密請于巡按、散遣貴五衆而後圖金、然是時、金衆尚千餘人、與楊留所統殺手千人、皆在賔州内外、公與兵備計、公可遣楊留殺手百人護巡按往柳州、公聞謂金曰、楊留殺手百人護巡按往柳州矣、汝盍將百人護送四五十里以自結乎、至五十里、金欲返、公又拉之行百餘里、金又欲返、公曰、汝獨返勢弱、倘貴五伏人待汝奈何今去柳且近汝何不與留偕至柳而偕還金遂以百人至柳其酋長十餘人皆金死黨驍健會金于路躍馬而墜公以機責其酋五六人曰何不護金而令至此痛挟之五六人皆病劇臥然尚以公愛金故被挟不敢恚公金至柳入參將府公命夫人見金曰金我兒子也金得官聽調往來吾縱不在汝必見之金益喜置酒勞金與其酋是時諸大酋其五六人既病挟臥獨四五人從金而留所部殺手百人與金兵百人皆營于城外柳城故有狼兵二千人足以虞變公將縛金先以狼兵

三百人護巡按三百人護兵備而以三百人入黎將府
侍事謀既定因酒中戲謂金曰痴兒子汝社懼誅又懼
貴五逼意常不樂今無事矣何不痛飲金與諸酋皆盡
飲至醉其夜遣狼兵縛之黎明遣人召留于城外狼兵
夾捽左右卒留與其黨三十人見公公大言曰非楊留
忠不能成我事以銀十兩勞留留愕然公曰汝爲之向
汝不知乎金國賊也非汝與吾同心誘金至此吾安得
縛之留大駭泣下曰留小主人也公曰汝爲之而欲誑
衆耶公意又欲以疑留于其黨也留懼不能言其黨三

十人皆股慄，公復曰：吾且爲留奏功矣。因見留于巡按，巡按勞賞之如公；見兵備，兵備勞賞之如公。勞城外二百人牛酒，而令留率之還賓州。遂令留齋牌散遣金衆之在賓州者，曰所誅止金一人。留既惶恐見紿，又虞同行者猜已賣金，相讐見殺于路中，日夜跼蹐爲備，奔歸頃之，遂發病死。金兵聞金縛，皆散去。公乃以金與其酋之病挾者，醉而縛者，解巡按府而撲殺之，思恩復安。當是時，使公不先款留，則金必不至，而且攻城殺人；使公在南寧賓州縛金，則困獸之鬬，何所不噬；使公聽韋徐其心于金則兩客相鬬而主受其釁惟公緩之又緩以漸脫金于五千人之手若剝筍然待其為一夫而後縛之人以是益多公之算而韋徐諸土酋亦益謂公不可測也嘉靖

督府姚鏌將發兵誅岑猛以猛妻歸順岑璋女也慮璋黨猛問計於沈希儀希儀知璋以女失愛憾猛甚對曰俟刺其情以復希儀察部下千戶趙臣善璋乃召臣曰聞璋憾猛吾欲遣爾說璋以圖猛何如臣對曰璋多智而善疑誠語之未信也當以譎詭希儀曰計將安出臣曰

曰鎮安歸順世讐也公使人歸順則鎮安疑使人鎮安則歸順疑公若遣臣徵兵鎮安璋必遜臣詢所以臣以疚漏洩端倪可動也希儀曰善乃帖臣徵兵鎮安而臣枉道詣璋所璋見臣來喜迓曰久不見趙君亦肯念我來耶臣故默然若不豫色者璋曰趙君嗔乎臣曰肺腑之交弃濶之想安所嗔也稍語須臾嘆息而起璋疑之明日璋置酒款臣臣愈益默然璋曰怪哉趙君軍門過督我耶臣曰不然璋曰豈璋受侮鄰讐將逮勘耶臣曰不然璋乃挽臣臥室跪叩之臣潸然泣下璋亦泣曰嗟

乎趙君瑋今日死即死耳君何忍秘厄我臣乃言曰與君異口駢心有急不敢不告今日非君死即我死矣瑋曰何故臣曰軍門奉旨征田州謂君以婦翁黨猛將檄鎮安兵襲君我不言君必死矣我言之而君驟發敗機事必死是以泣耳瑋大驚頓首曰君實生我猛奴視吾女吾欲圖猛久矣奈之何以猛故及我也臣曰君意若爾盍自列以免瑋乃强臣留傳舍遣人馳詣希儀所告猛反願擒猛自效希儀佯追臣返以其事白督府鏌鏌大喜不復疑瑋而督兵專攻猛嘉靖

岑璋者、歸順州土官也、多智略、善養士兵、冠右江、時岑猛以不法獲譴、督府奏猛反狀、請令諸土官能擒馘猛者、賜千金、秩一級、畀其半地、黨助者連誅之、都御史姚鏌將舉兵、慮璋以婦翁黨猛、召都指揮沈希儀問計、希儀雅知璋女失寵恨猛、有隙、乃對曰、願主公按兵旬日當探領要以復也、希儀白鏌、遂勒兵五道進、猛子邦彥守工堯隘、璋遣千人助守、曰聞天兵至、將以姻黨誅我今日義同休戚、不忍坐視、此皆精兵、可當一面者、邦彥欣然納之、璋復遣人潛告希儀曰、謹以千人內應矣、皆寸帛綴裾裹鑾戰時當扱示幸天兵擇舍之希儀許諾時田州兵殊死守戰希儀以奇兵千餘騎間道繞隘側旗幟閃閃而不覿歸順兵大呼曰敗矣敗矣天兵間道入矣田州兵驚潰希儀麾兵乘之風披斬首數千級邦彥死焉猛聞敗欲奔而璋先巳築別館僻隈美女妖童牲穀咸備使人詒猛曰事急矣願主君走歸順三四夕可抵交南再圖興復未晚也時猛倉皇不知所出遂挺身佩印從璋使走歸順璋陽泣而迎之奉之別館猛既入處左右無一田州人耳目塗塞而璋日詭猛曰天兵退

矣又曰天兵閙君走交南不敢輒犯請事軍門矣猛聊
喜慰而叅政胡堯元等嫉希儀獨破盜攘功以萬人擣
歸順瑋先覺之遣人持百牛千醞迎軍三十里曰天兵
遠勞謹饋犒飲每牛加牿縶之一椰侑觴十醞堯元等
怪瑋服整而諸軍得犒喜遂屯不進瑋復搆茅舍千間
一夕而訖諸軍安之瑋乃綸巾氅服雜佩上首揮麈尾
逍遥詣諸將叩首曰攸罪昨猛敗將越歸順走交南瑋
邀擊之猛目集流矢南去不知所往急之恐糾逆虜反
幸緩五日當搜致也堯元等許之瑋還謁猛曰天兵已

退非陳奏不白請君裁之猛曰固所願也安得屬草者瑋曰易易耳令人為猛艸奏促猛出印實封之瑋既知猛印所在乃設酒賀猛鼓樂殷作酒中以錦衣二襲鴆飲一甌獻猛曰天兵索君甚急不能庇覆請自便無波及也猛大怒呼曰竟墮老奸矣遂仰鴆死瑋斬其首并府印函之間道馳詣軍門虔已到乃斬他囚首貫猛屍舁擲諸軍囂攘支解爭擊殺十餘人颺馳軍門則猛首已梟一日矣諸將大恚恨遂浸淫毀瑋倡言猛實不死死者道士錢一真也御史石金遂劾鏌落職而希儀等

不論功璋大恨遜職于子獻而黃冠學辟穀矣嘉靖
嘉定邑濱海海盜出沒爲患如劉通施天泰者足一擾
數郡震擾擒滅之頗難爲力嗣起者爲施崇禮陰蓄無
賴至五千人巨艘五百横行水陸刼財山積乃佯建田
屋雜良氓中以自蓋然出入必以兵衛官府不敢發養
成其惡者殆三十年矣嘉靖癸未夏河南蔡公以進士
來尹茲邑部使者屬之公受命旦夕蹤跡虛實者凡三
月而齒頰不一露雖左右信用之人莫知也崇禮於是
益縱肆法外挾惡少百餘謀污鄰婦鄰婦度勢莫支紿

許之娛以酒食而公已廉得其跡密遣人火其舟擊其黨費十夫之力而崇禮就縛使公機事不密崇禮挾其數千勇悍一鼓而發江淮亡命應呼紛至東南之害遂不可言矣嘉靖

莫讃知鎮寧州至旬日即有土獠于駐襲殺其長薛紹恩駐故副長官而性特凶黠諸監司累捕不獲公則請于兵使者王公積請得以便宜勦撫而駐故所善居停主曰胡生乃具檄令兩吏導生往駐寨駐慢易之不出居數日偵者言駐且以兵狗取紹恩故地未服者道當

繇安莊明日公馳牒候之中途固要其入見既遣故生關說令毋魋結帶刀劍令我得善爲禮駐報如命公乃集隸卒得强力者十人各授兵伏兩廂以四吏侍旨巨石衙袖密遣人趣要守禦者令以兵須駐入斷後繼頂之駐來立庭中與語稍及紹恩事謂且留爲諸司具白駐方抗辭虛喝公遽叱左右下擒語未畢四吏齊撲駐兩廂伏發捽其首就縛盡捕從者送衛獄府事起倉卒徒以孱弱數人摧巨寇于几案如孤雛左右皆錯愕失色獨公神安氣定若無與者即夜檄土官蕭乾率兵掩

襲其妻子盡獲之並械繫致王公所而又以計購駐弟端梟其黨于蠻兒虎兒等七人餘衆解散卽畀革世替其職文紹恩叔時幼弟榮逃叢箐中得脱事定榮乃出仍以榮代恩後嘉靖

通州人秦璠常熟人黄艮並居崇明南沙鳩衆攫魚鹽爲姦備兵使王儀招之不來發兵捕爲所敗賊勢益張至爲逆言揭之留都等處事聞　上詔湯慶充總兵捕賊儀聞慶將至與知州萬敏計敏請捧威信足以服盜者涉海諭賊使來即不來庶可擕其黨儀念莫有過敏

者遂以屬敏敏乃躬涉海至南沙會璠艮二酋他出惟沈酋惟艮率諸小酋伏謁敏召沈夜至與敎寺諭以利害禍福甚悉因曰汝能擒兇獷者百人以獻轉禍爲福之機也兵可不用而弭矣明日敏步覽諸賊巢諭其婦子咸拜泣又明日璠艮還召與語不信敏遂登舟風利瞬息抵州境自此沈與二酋議弗令分爲二賊勢少挫慶至按兵入城不動賊以爲怯也放舟肆刼沈酋乘間欲率所部反戈爲二賊所挾跳身逝來羣賊追之乘勝直抵劉家河慶乃出兵督數十小舫圍而射之賊小却

東行，遂出大艦爲横陣追之，及于大洋，圍之數重。我師銃砲亂發，海水爲沸，賊大潰，璠、灰、艮等以五舟遁去。敏懸千金募人誘殺艮，越三日，果有殺艮來獻者。敏復從慶至南沙，慶所從邳兵爭殺老弱冀賞，敏亟矯中丞侍御令，使人四馳呼曰：「今日之事，生擒者重賞，殺人者刑。」邳兵始棄所斬首，俘其生者二千餘人，慶令縛送軍前。敏復爭，以爲宜辨玉石，因自請鞫察，其舊無名牒及稍老羸者皆釋之，得眞盜百七十人繫以歸報，而世習黠盜無孑遺矣。嘉靖永定正長官韋繼祖子啓邦、父子猛悍、便捷過人、嘉靖三十年、乘慶遠知府閔旦新任、遣細人盜硃盒筆架、越二日、復盜卓圍硃池、閔不之究、又越數夜、集三百餘徒刼帑金數千、閔終不敢問、啓邦父子益恣、三十七年、知府秦㮸新任、謀擒之、先檄各土司親謁、待以禮、啓邦見永順土司鄧秀鄧大武、俱崇殊眷、遂挺身出、㮸令侍燕、寵以兕觥、啓邦喜出望外、自後出入府中、了無嫌疑、一日檄啓邦至懐遠分都亮地、啓邦如期至、㮸先伏虎士於兩廂、啓邦入、虎士湧出、縛斬之、後以啓邦子萌發襲、

嘉靖

蕭布政晚知瓊州，時值黎佛二之變。往歲瓊人利黎田而懼其逼，聚兵護耕，兵寄溪洞，半疫死，而黎數出攻刧莫制。至是佛二殺官吏，虜邨堡，勢張甚。督府欲以大兵勦之。公曰：「虜係未歸而急之，是促其死也。吾且觀之，兵而携其黨，庶可圖乎。」乃遣人招降十八邨，至則厚其餼勞，善諭之，察其尤雄桀者，倍與衣物，寄心腹語，令歸所虜生口，別授方略，密擒佛二以自效。佛二素雄桀，手挽强三百斤，人莫敢近。降者既受誡，慮賊逸無以解口，乃

擒

陰導官兵設伏諸隘，而身紿佛二以走，俟稍倦，分負其刀弩諸械，嗾走隘，至則伏發，因成擒。佛二既擒，以大兵綴之，諸酋恐，奉約束輸稅者四百餘戶，歲省防兵二千許。嘉靖

都督周尚文鎮大同時，山西逆黨衛奉偕宗室充灼等持僞表旗幟出邊，旗皆書調兵字。會公使人出邊哨探，詢問守者，知有四人挾傘出惟，而追之，及奉等于榆樹口，因索得其通虜表文，收奉等至，鞫之，具得充灼等謀狀，奏聞。詔諭尚文剪除禍萌，擒縛逆黨，消弭隱伏，功

出非常加太保嘉靖

劉伏玘者大同軍舍也雅擅謀力先是大同叛卒王三鼓衆殺主將竄投虜中酋長疑不錄約必殺其妻子示信遂歸鴆毋及妻火其居爲不返計酋長收之禮爲上賓封以數千戶俾統健卒獵漁中國薄太原入平定衝紫荆踐完縣虐焰荼毒京師戒嚴　天子震怒自中丞大司馬而下咸獲罪職方韓暘　廷杖且懸購誅叛卒者予千金官五級　命既下伏玘自謂與王三善覦圖之白之父母妻子曰我家世食祿無分寸報王三匹夫

敢爾作孽使中土不寧戮此妖醜非伏玘不可請以死從事其母泣止之不從復曰父雖老吾有三子大者倒當優卹即死不負父母遂携其妻女毅然就道留三子于家既至闕下以釀酒爲業居將一季踪跡王三無所得志不少懈乃王三果來跨馬執戈弓矢在橐從四小虜按轡闕下問戍卒曰誰在此戍卒以劉二應聞言甚喜令速邀會伏玘遂携壺榼出下馬相見執伏玘手曰弟何爲在此伏玘曰貧甚不能自給寄此釀酒意得升斗爲活計不圖今日乃見兄也涕淚交下王三懇慰之

曰弟無慮予今富貴若此忍使弟流落乎他日得志當以國卿第處爾也伏玘歛泣酌酒爲壽王三傾之不疑伏玘計定已久酒皆宿儲麯蘗旣厚復投藥毒王三纔數盞卽覺微酡喜謂伏玘曰吾欲至爾旅舍少坐伏玘佯辭不能爲款曲王三固請以行至其舍相勞苦備且請見伏玘妻與女問其三子伏玘曰留侍吾父母王三大呼伏玘妻曰二嫂取好酒來吾弟兄叙濶懷以盡醉爲期因命小虜出數金以遺之伏玘妻亦善應對跪獻數巨觥已伏玘與王三對酌其妻出禮小虜不計壺盞

數日將夕王三醉甚四小虜亦醉甚偃臥舍中數試之不覺伏玘乃與原同約三卒用大椎椎其兩臂臂痛但瞠目强視曰爾何擊予也予明日赤爾族振不能起兩臂既斷縛以巨繩載至總戎所覆覈無僞檻詣京師帝心大悦下法司議罪當凌遲俾傳首九邊以儆諸虜如其賞格賞玘千金官正千户同事三卒各百金官百户在完縣衆虜聞之星散將士奮力俘馘甚多　嘉靖

思明忠江之間有四峝嘉靖間副使翁萬達旼名四都隸南寧隆慶三年思明土官黃承祖奏取四都地忠州

黄賢相爭之遂擅立總管諸名目分兵數千守其地縱令剽掠村落爲禍甚烈僉事譚惟鼎謀之方伯郭應聘應聘曰是可間取也永康縣典史李材者有謀略時署遷隆寨巡檢隣忠州惟鼎屬之以寨人覃惠內及材子夢鹿潛入州中數往來貿易盡得其親近狀懸重賞間之共部下頭目傲思蒙裕葦苦賢相虐願內應惟鼎寄爲手書諭二十四村及四寨頭目程秀等令號召鄉兵擒獻賢相諸所蓄積金穀器物悉聽自取而遷隆尚土官黄一元者素善賢相惟鼎度賢相急必依一元責之

尤謹計既定惟鼎令材等集兵三千有奇擁進近地內兵遥望之以爲官兵至爭取財寶馬匹四散遁去賢相勢窮挈印奔四寨四寨村老就賢相語曰官家遣主甚急當詣官聽理賢相欷歔泣下自取孔雀血入酒飲不死材督諸鄉兵追至會黄一元兵亦至遂擒賢相及州印以督備指揮吳世勳鎮四都都民復業如故賢相斃于獄議設流官不果督府奏以州屬南寧令州印給賢相子有瀚襲 隆慶

南工書葉夢熊知贑州時有巨盜葉楷葉柱者聚黨安

遠山中前守不能制公謀之督府江公既合乃密購楷
柱所厚善者令召楷黨復因楷黨之來歸者令召楷所
親任推赤示之令入楷巢穴中間離其衆楷腹心內潰
不知也竟帥萬餘人反公率兵深入急擊之楷衆倒戈
內向遂馘斬楷擒其餘黨以其地設長寧縣治萬曆
周國柱者寧夏人以家丁爲隊長劉東陽署爲中軍國
柱陽順之每思得間圖賊又國柱家與諸生尤鳳鄰鳳
時時勸國柱當效忠　朝廷國柱志益堅常與副總兵
葛誠密謀未得間獨計爲四賊疑貳心離方可圖會官

軍灌水及城賊有懼意而土文秀有疾不出國柱因言之東陽謂文秀見難託疾其意不可知東陽遂與承恩誘殺文秀分其衆國柱又使所親語承恩曰哥國柱見事審而决彼雖東陽臣然與許朝因聘妾不從有嫌怨今事急盍呼謀之承恩使人密召國柱國柱故不應又促之乃往承恩迎謂曰此何時而坦腹國柱曰欲畜力爲將軍血戰耳承恩語之故國柱歎曰尤秀才嘗言諸將首皆贖爲奇貨也第不知誰先得之承恩頓足曰吾恨蚤不問此言幾爲文秀所咲意遂决議欲召二人飲

醉誅之國柱曰兩家前後左右皆戈鈸之士且以一制二恐非萬全將軍當計誅朝城南柱侍非樓乘間取東陽也承恩曰然翼日遲明承恩急往南城見朝詭曰將軍何仍在此有密事登樓議之旣登樓麾衆下獨承恩家卒世富在側承恩附耳語曰將軍知周國柱有異心乎吾與將軍斷其首語竟疾趨下樓朝從之世富從朝後砍之國柱見南城馬塵遝起知事濟乃被鎧登樓謂東陽官軍已入劍砍破城門東暘憑軒望之國柱扳劍砍其首縱火焚樓開甕城迎官軍城門塞土尚未疏

諸將皆壘土石、如松首先登城、城中卽時大定、時劉東陽許朝已戮死、而哱氏眞夷家丁尚多、諸將皆以承恩誅朝有功、歡飲其室、如松奉督府令擒承恩、其父拜卒兵拒戰、如松下令曰、誅止哱氏、其餘投順免死、衆遂潰、斬拜首、殺眞夷三百人、如松進位右都督、賞周國柱指揮使、萬曆

皇明臣畧纂聞卷之七終

皇明臣畧纂聞卷之八

江西右叅議前湖廣督學使常熟瞿汝說輯

兵事類

弭

洪武元年、薛公祥漕運河南孟津、上遣人謂曰、聞有亾命者。潛伏衝要。恐來刼掠。倘彼衆我寡。罔輕敵。時夜半抵蔡河、賊果至、祥諭之曰、汝衆良善也。值兵亂嘯聚。情出不得巳。今聖天子出矣。汝等當順天命。歸守家業。樂安田里。無累妻孥。縱使汝有千人。不過刼得千石。

我之所部不下二十萬餘待曉縱兵蒐捕汝衆何逃衆
服其言而散上聞之大喜命爲京畿都漕運使洪武
吳知州履令安化時安化鄰古三苗其土豪多糾民爲
兵既盡降獨易俊原恃勇負固江陰侯吳良承詔求餘
寇兵且集召公計事公曰易氏未有反狀激之恐生變
民先受害矣不若以計致之侯曰吾爲令徐之公乃屏
吏卒至山谷中抵俊原家家空一老人出對客公謂曰
易俊原出見江陰侯則無事矣不出大兵且至一縣民
皆爲虀粉是殺一縣父兄子弟者易俊原非縣令也老

人曰俊原必出惟明府哀憐之公諺曰俊原或未肯來得其子及麾下三四人先往可免梟明日如其言兵止不發既而盡致其麾下惟俊原一人處兵勢孤乃招之曰君侯顧與俊原相見俊原喜詣軍門遂縛送京師事平江陰侯檄取故兵之為農者民咸自疑驚奔相告勢甚危公屬耆老諭民曰侯所取者兵民無與也籍其願為兵者數人而止洪武

永樂間高昭為御史有王府陰蓄異志昭變服為星家詣府與王語王告其實昭微諷以不利辭去未幾按至

皇明臣略纂聞　卷之八　弭　二

其地。朝王。王視之乃昭也。誅遂寢。永樂

周濟以御史巡西蜀。威州土官董敏、王允讐殺。累年不解。勢愈大。朝廷勑公率方鎮兵數千至其境。公曰。朝廷本意欲安之。撫而不服。加兵未晚也。乃令人齎榜往。允沉思之。書囮字于榜尾。令持還。衆不解其意。公曰。此非難見。囮者。誘禽鳥之媒也。意謂誘而殺之耳。復釋此意。原以誠信。允大驚曰。非凡御史也。即投服。以馬數十。令子弟入貢贖罪。敏亦愧服。一方遂安。永樂

吳參政惠。守桂林時。義寧蠻爲不靖。部使者議發兵殲

之公曰義寧吾屬也請自招撫不從而征之未晚乃從十餘人肩輿入洞洞絕險山石攢起如劍戟華人不能置足從人則騰跳上下若飛聞桂林太守至啓十嶴得入公告曰吾若屬父母欲來相活無他衆唯唯因反覆陳順逆具嶴暢感泣留公數日歷觀屯堡形勢數千人衛出境殲羊豕境上公曰善爲之無遺後悔數千人皆投刃拜遂不反歸報三司罷兵明年武岡州盜起宣言推義寧洞主爲帥三司咸罪公公曰患主撫三司主征蠻夷反覆吾任其咎復遣人至義寧義寧猺從山頂覘

得公、使具明武岡之冤、三司大慚、武岡、盜因、不、振、勢遂解、宣德

南禮書張公惠按雲南時、有土人思任發知賈千戶女色美、來騰衝訪之、賫以銀飾良馬、數日令人來娶、千戶不從、任發留騰衝彌月不去、軍士惡其騷擾、聲言千戶誘引外夷爲姻、千戶懼、奏任發搶擄人口、侵占中國、勑公同三司總兵官、體勘征勦、公曰、山險路狹、非用兵之所。且所爲因賈氏女、無反情、衆從之、罷征、止委頭目守備要隘、民皆舉手讃曰、吾輩得免征役、皆侍御張公

力也、正統閩寇鄧茂七既爲延平官軍所殺、餘黨推其兄鄧伯孫爲主、幕府議進攻、諸將言人人殊、幕客周鑄曰、閩地林叢深阻山石磽确曾不得方丈之平以托足其勢不可成列以趨接軫以驅也而賊竄伏草莽伺間竊發宮軍單行星散首尾縣絕卒然遇之將坐致潰敗矣宜軍便地爲營遣人四出招降者復縱令相招明立賞格能擒殺其黨與斬敵同其有負固不服者然後進軍勦之誅其首惡赦其脅從其衆可不攻自破矣幕府如鑄策、多所擒斬降者相繼衣冠之族汚衊于賊者鑄爲之湔洗全活甚衆有老人言賊在尤溪山中欲降宜遣人往可撫而有衆疑憚之鑄與千戶龔遂榮毅然請往率數騎入深山中可五六十里至老人家或言老人亦賊也遂榮恐欲起去鑄不可動徐呼老人諭以禍福老人闔家叩頭謝亾有且設草具鑄飲食意氣揚揚如平時食竟徐起就馬抵巢穴盡降其衆而還遂榮曰某生長行伍身經戰者無慮十數自謂天下健兒今日乃爲儒者服矣又賊將張留孫勇而健鬭自茂七起事常在行間伯

孫尤倚仗之。鑄乃寓書留孫，告之逆順，許其自新，使諜佯若悞者傳致之伯孫。伯孫果疑留孫，殺之。繇是賊將人人自疑，棄伯孫來降。伯孫竟敗執，賊衆遂散，閩地悉平。正統

蔡蒙爲溫州郡丞時，泰順山中傳有銀礦，閩括流寇騷動郡邑，事聞。朝命宦者來視，賊將斷道邀之。夜半，候者以告，公遽率壯健五百人往，撤石通道，伐木爲輿梁，官兵旦至，乃渡。會大雨雪不可進，凍死甚衆。議募民壯補伍，擣賊巢穴。公曰：彼皆烏合之衆，苟益兵制其死命。

其勢愈熾。祇益亂耳。無若遣一職。諭以禍福爲便。衆遂推公行、公毅然深入賊窟、反覆諭之、賊感悟立解散、兵休而還、公復建長久計、取民之强勇丁衆者、立爲銀賦長、領坑夫若干、事採鑿、民始無爭奪之患、天順建州女直叛、巡撫陳鉞誘殺貢夷屬、掩巳過、繇是東夷譁懼爲亂、朝議勦撫、太監汪直陰主鉞、欲自往、爲言于 上、遣太監懷恩覃昌等詣內閣、召六部議、萬安等相顧莫發、兵部尚書余子俊言虜使入貢而掩屠其家。何以爲中國恩。太監曰、撫之乎、曰、撫之。則以一大臣偕大通事往足矣公疾應曰善懷恩入白之上即傳旨命公偕主事詹昇往勘直不得行恨公公至乃盡赦其被虜家餘衆數百人撫以好語給以布粟而海西與二衛亦來聽公察其意不實乃具言狀而行諸路伏兵以待俄復入寇伏兵發斬首二百餘級生擒數十人鹵駝馬稱是因以兵威諭都督產察懼悉請歸命而汪直必欲自出出至邊左而事已定　成化

羅都御史篪撫湖廣時湖廣西南境苗獠雜處喜爭鬭一日辰州苗因爭田相攻刼或欲舉兵誅之公曰此事

小。可以儆止之。不從，誅未晚也。儆至，皆伏罪，兵得不舉。

成化

盧布政雍，參議閩藩，時閩大饑，民攘粟巨室，以苟朝夕，因嘯聚爲盜。公撫安賑濟，招捄數萬，惟政和、浦城山谿險阻，盜據爲巢穴，有司莫得其要領，謀勦之以兵。公斥曰：此饑寒所迫。詎宜爾耶。乃擇所部善星數者二人，命之曰：汝爲予遍歷山溪間。審廉之有所得，必重賞。泄機有罰無貸。二人承命以往，跋涉山溪，遇一村嫗，誘而問焉。嫗不能隱，指示諸賊所居。二人過其廬，賊見術士，不之疑託以問上各吐情實二人假禍禍以諭之諸賊色變具得其情狀以歸公知其為變非本意也乃與入政和浦城山中直抵賊巢面諭之許以不死俾之立約期以豐年償所擄粟衆乃散去復陰遣人捕得賊酋余文興等二十餘人械繫郡獄斃之一方以寧 成化

四川十八寨僰夷叛彭公杰以參政督餉出險道師頓以捷歸至叙州宣慰使冉儀所部妄有所掠僉憲郭公某廉其首咎之儀部下鼓譟且叛城門晝閉公適至行其營呼儀曰若與吾非征僰夷來乎奈何復以身家效

僰夷儀感悟，復爲畫計，謝郭得全軍歸。初僰夷爲人挾
誘，頗悔禍，公欲撫定之，而議者貪功，遂致用兵，士卒死
者十六七，乃得小捷，當道始多公。弘治
陳布政策，參藩閩中，時汀漳寇方熾，鎮巡舉公往征之，
道經同安，巨寇蘇世浩勢尤猖獗，公首降之，遂携焉以
臨汀漳，汀漳氣奪，榜到之日，先降者爭出見，公因撫而
諭之曰：吾欲返爾田宅親戚，爾顧欲肉餵鴟鴉乎？衆皆
稽首曰：公推赤心人腹，非智御我詐者比，此固我盡命
日也，敢以死請。公皆遣之，汀漳安堵如故。弘治

乾都御史鎬、叅藩浙江時、屬歲旱、金衢饑民、奪富家食以自救、姦盜乘之劫殺、往來東陽義烏山中、公聞之、卽抵金華、將赴義烏、縣官謂不宜輕犯、公曰、吾計之熟矣。彼倡爲饑民。猶欲緩死。若來犯我。死無疑矣。遂行、夜遣人諭之、曰、汝饑民欲自救耳。亦何罪。吾來將賑之、宜各散去、否則勦殺之。固不分饑民與盜也。聞者相顧愕然、比明、悉遁去、卽命各縣、發粟賑濟、且令鄉村嚴立保伍、以相救護糾察、繇是數郡肅然、不復有警、弘治

張簡肅公敷華、叅議浙江、處州礦盜作、且議兵、公曰、是

輕病而重治之也。請徑往撫，以肩輿入賊中撫之，賊駭視曰：「果我公也。」皆駢首聽命，執十二人寘之法，餘悉解散。弘治

南工書李善爲四川布政時，議征番夷，鎮巡與太監羅鑰計事，謂非兵十萬不可。公曰：「師十萬，日費千金，民窮歲歉，公私俱竭，恐番未平而内變作矣。」曰：「業已奏請，奈何？」公曰：「征未晚也。番聞朝廷用兵，勦罪恐懼，無以自計，若遣人宣布德意，讋服其心，從而撫降之，亦萬全策也。」于是檄番，果降。弘治

閔莊懿公珪、副憲江西時、浙江處州銀場、歲久礦竭、有司徵辦如初、民不能堪、聚至千人、盜採廣信永豐山礦、且肆剽掠、莫之能禦、上聞、命公會同守臣督勦、或以爲盜賊因礦所致、若開礦入官自息、或以爲請討處州之賊以殄元惡、公皆不用、惟親詣封固、發兵防守、上疏大畧曰、周官十二荒政曰禁盜賊者、固已行之、而弛禁薄徵、亦不可廢、今處州之盜銀課迫之也、乞　勑戶部減其額、則自不爲盜矣　弘治

刑部副郎張卿、爲清遠令時、盜起程鄉、江西福建屬邑、

皆被毁掠大兵徂征俘獲日至而盜不衰都御史林公議得良令牧之相宜誅撫乃奏公易程鄉公請督府罷兵從吏士數輩抵賊壘賊固聞公名不敢逼公開諭禍福設兩端如是則生全保有父母妻子不則戮夷衆心動有泣者居數日賊魁鍾萬璉傅時玉饗公盛陳兵衛出所掠珍玩賄千金爲壽公取珍玩碎之而麾其金曰若等方當爲農生業顧懷寶以賈罪耶金可以買牛貿田器爲衣食資若等宜自懷之賊相顧驚喜如獲賜公笑指諸兵衛目其魁曰陳此何爲魁與其黨伏拜曰願

如公敎棄刃狼籍呼聲喧豁谷爲留一月夷保寨啅籍其丁壯老幼婦女四千人散遣之條畫使耕田築室各有寧宇邑目其民曰新民林公得報大喜謂諸司曰與師十萬不如張令一符　正德

張都御史琮備兵鄖襄時有白蓮僞敎嘯聚千餘盜名稱號監司議兵之公曰此特縛其首耳咸謂大言公召勇士數人拆其巢獲之且諭衆曰茲謀非汝等所知法不及汝衆駭散遂定　正德

上杭盜作高都御史明往捕先文告諭撫之不聽進兵

搗其巢誅其渠餘並從輕坐析上杭溪南里爲永定縣控賊海口有矯令募亡命謀不軌者公不欲再起大獄立誅妖言者而定正德

馬都御史卿謫守鶴慶時土官鳳朝文及安銓叛時麗江土官木公之妻即朝文之女兄衆畏其兵悍視其順逆爲從違公約會兵境上諭之曰汝兵誠精然賴累朝恩命而然汝叛 朝廷兵不能叛汝耶汝受厚恩而忘之兵受汝恩與汝之受 朝廷者厚薄不待較一旦反噬何難麗江人欲得汝之處者何限顧畏 朝廷威鎮

之。且朝文不有其君與其兄何有于威即事成容能處汝下乎君乃北面而事之乎木公感泣出兵二千往援會城縣是二酋失助庬解矣正德

魏布政䟽黎閫藩會盜起古田所司上變告棘徵兵討之我師失利當事者或謂杉洋爲盜藪欲勒兵屠之使賊無所舍藏且易以有功公不可曰古人以殺一無罪爲非仁今千家之市豈必人人保奸者哉且渠魁未得而徒取此屬以爲功甚非所以示武而昭德也巡察公感其言乃屬公經略之公馳至其地分兵屯要害以防

弇寀、筒徒振武、徐遺邑中之耆、徑入賊中諭之曰、倡亂者、周馬良也、若能縛之來歸。誅止良耳。不然。則諸道日集。若屬且孥戮矣。于是賊稍稍解散、良窮而出降、民用帖席、正德

蜀布政志淑、叅楚藩銅盤嶺洞賊起、公捕之、先廉獲土民爲藏匿若干人、凡報賊者、輒弗令返、繇是消息不通、乃令各村富民集兵以待麾指、分道直逼賊壘、而猶不知月餘外給不繼、賊始困、公又使人善諭之、遂降、乃下令官兵任取金帛、籍餘貲于官者數萬、屬境有腴田數

百頃水决爲陂塘，歲比不登。公白臺察，出所籍銅盤洞金以資費，度勢而疏導之，爲斜堤，植柳以遏水勢。不二年，田有秋。正德

黄參政皡在雲南，所管納樓茶甸長官死，妻沙福代與夫弟普顯治兵相攻，撫鎮屢遣屬僚撫諭，竟莫能平。公曰：「非藩臬重職，恐未有濟。」乃偕僉司都閫以往。比至境，福、顯皆盛兵自備，公若不聞也者，據館即召二渠反覆詰讓，盡得其情，乃執通把數輩將撻之，操兵者望風潰散。公度其已困，釋之，曰：「日暮且休矣，遲明俱來，吾有戒

約。詰旦，二渠皆束身伏　庭下，聽命去。居數月，福等各行千金求變初約，公拒之，謀乃寢，竟弭其亂。初，安南長官那代攻破蒙自，虜其令祿卿之族，負固垂二紀，歷數守巡，毋敢議者。公至，則濬塹增陴，調饟練兵，建旗鼓，申號令，若將征之者。代懼，請歸祿卿之妻若其屬口，乞緩師以圖新。縣是威震六詔。正德

龍參政誥，正德間爲臨川尹。時東鄉盜起，檄公率兵討之。賊卒至，公下馬大呼曰：吾臨川尹也。爾寧殺我，毋屠吾民。賊皆羅拜曰：我輩以年荒迸亾至此，茲幸有賢父

毋我輩生矣遂棄兵械還公疏而撫之正德

南樞李公遂守衢州時括蒼饑流民糾集採礦入衢境大肆刼掠公曰民饑可念然盜不殄吾民無爲生矣先是公按行保甲使民什五相保至是就取驍健者各一人委縣佐督領之計賊向往授以遏截方畧擒斬賊八十餘徒而公與節推李文進輕騎直逼礦山駐宿去賊寨不數里中夜賊寨中火起烟焰燭天時公隨從不滿百人皆曰賊意不可知促公起公堅卧曰賊不意吾來將謂大兵合矣此燒寨走也已而果然李曰盍追之俾

重創、公曰、此皆赤子、但不爲民患足矣、遣兵躡送出境、遂封閉礦山、撫安民庶、而還、是夕也、公實不携一兵、以虚聲散賊五千餘衆、人皆奇之、嘉靖

李公遂之入南都也、適督儲侍郎黄懋軍糧激衆怨、五營軍士竝起合數萬人攻督署、戕殺之、銃砲號呼震都下、時變起倉卒、上下惶懼無措、公曰、事出激成、非叛也、然不發解紛、亂無救矣、亟索馬不得、會有馳騎過者、遂奪之、令從者厲聲前呵、如平時、曰李爺來、軍中問曰、是江北平倭李爺乎、曰是也、公因馳入、軍士即紛紛迎叩、

訴督儲公扣減激成狀。公曰：「吾固知若等非得已也。妻糧月糧，太祖行之二百年，扣減者誠非是。若等世受恩養，一旦決裂至此，終奈何？」衆愕無以應，徐叩首曰：「惟公爲我輩作主。」然其他嘯呼猖狂者如故。公曰：「此何地？必能從我者，惟我馬首所向，當爲若處。」乃偕叅賛蒙溪張公約會府部卿寺科道內守備廳計事。公陽言曰：「今日之事，予所親見。督儲公聞警倉惶，越墻致斃，軍士特不當戕辱之耳，其情可原也。諸公必據此聞奏。」葢公度事危，既不克正法，徒頓國威，權辭爲解紓計。于是軍士喜曰活我矣衆少戢少須掠市肆酗酗復挺刃鼓譟徑前逼脅府部公亟前叱諭衆曰吾冐萬死爲汝等尋活路尚何求而猖狂若是汝既殺督儲復欲殺我乎江北數千萬倭奴吾滅之無遺種堂堂天朝豈無人能處若輩皆曰非敢犯公也求賞耳公曰今日若輩行何等事欲希賞耶惟妻粮月粮扣減者可補給必欲求賞即殺我如黄總督軍士固求公固執竟處補妻粮月粮散遣之萬衆中傳呼輿坐出亂兵林立卒無敢犯公者是日也非公當其[illegible][illegible]策批亢解紓亂兵計無生路禍且

滋蔓、繼非公義折驕悍、跬步少縮、蹂躪荼毒、有不忍言者。于時事少定、有問公者曰、萬一軍士固要賞、或加無禮于公、將奈何、公曰、殺大臣者、一時之變、若賞亂兵、是敎之習爲逆也。于是諸亂兵雖散、而首事奸人、日夕然同亂者倡洗營之訛、圖行走海之計、公與大司馬籌曰、昔元魏時、禁軍攻統軍張彝之宅。朝廷置不問、高歡遂散家財結客、因以啓飛揚跋扈之心。今雖從宜撫處而首惡未誅、法紀安在、矧復衆情洶洶、如必候奏報處分明　旨、朝臨兵情夕變、則留都事去矣、奈何。公乃托、疾杜門謝事而密召坐營華恩把總張勳靳文等微服入私第臥內喻以禍福激以忠義勉其立效取贖公且言且叩首衆皆感激頓首曰敢不效死于是參伍訪報得首惡周山等二十六人腹笥之候期覺捕顧事連留守職在樞貳廣詢之既慮敗謀專斷之又恐招嫉再思之乃曰予既首其謀安避其害萬一事勢參差當以一身肩荷之耳乃預揭內閣及本兵告以計擒首惡必當即撲殺以杜轉扳安反側且請即以 上聞庶得便宜行事既出境乃以告于大司馬謀用協先期出給安家小

稟若云聚處者爲兗黨復業者卽良民以欵散兵心而發伏躡跡夜半分道捕之隨行㮣示罪止首兗卽有遺奸俱勿論丑而止寅而捕獲者亦勿論軍士初聞洶洶既讀㮣遂帖然葢都城士庶自是始安寢矣公遂調京營協理既北而南事復危有池河之變至執辱本揔揭之旗竿言官議留事非公不可遂擢公南京兵部尚書于時留營再變整理既難公又甫緝首兗怨家滿側兵科議非特重事權不可奉旨撰勑如議忽嚴氏子取删之一切事權盡從裁損葢欲置公敗地公捧讀愕然

念已無可奈何、乃取兵部覆題原議備行南京府部暨江南北鎮巡等衙門而藉　勑以往、不復開讀、各兵閫公來、已竦戢、既知公別奉　勑書、以爲　朝廷必且加誅、各懷二三、罔敢自決、公廉得其情、誕布公誠、申嚴賞罰、集官兵聽受誓誡、曰、汝等自作不靖、而身蒙赦。不思圖報、乃敢負衆作宄。犯上無禮。　朝廷洞察汝等罪狀。特　勑本職前來區處。今日是汝等向背生死之機也。自今以後、既往之罪、一切不究、姑息之政、一切不行、敢有違犯、輕則軍法綑治、重則奏聞誅斬。天威難犯。倖禍不再汝等能從則宜洗心聽令毋懷兩端不能則聽汝爲所欲爲不患無處公卽就軍中選其驍健者四百名立爲標兵置之左右蓋素稱獰悍者遂悉爲公肘腋之衛矣而一二宄渠自知罪重恐終不免時有妖人繡頭妄說妖法素爲衆所信嚮王漢馬元等因而率衆禮拜復倡洗營之訛誘脅羣愚意圖先發公計令誘獲妖人正法分捕宄黨差第其罪仍給示各兵以爲繡頭不能近知已身之生死而乃預言地方之禍福其爲妖妄可知繇是衆心回向若謂妖人已死傳語非真從犯猶

生吾屬何患蓋自是浮言不行反側之情始安矣公猶慮其久而無制也因思古人治衆如治寡分數是也各兵所以敢爲悖慢者無他恃衆耳今要令于萬衆中首事者無所容奸馴善者有以自別分數明亂源息矣乃斟酌營規申嚴什伍大約以五人爲伍伍有伍長五伍爲甲甲有甲長五甲爲隊隊有長副隊長腰牌備書甲長姓名伍長及兵腰牌備書伍長姓名伍長及兵腰牌同伍姓名仍各具年貌籍貫住址時常懸帶一如公淮揚時之所以制兵者但彼中長副以技勇爲優而此

則專以身家行止爲重內外殊勢戰守異用故也赴操關糧責令定本伍毋得違越而又特重夜聚曉散謀呼投匿之條定爲第一等充犯令其自相鈐束覺舉繇是人思改行更相告戒隙無容奸于時亂兵首事者類出振武營議者洶洶謂必靖酋都非亟罷之不可公曰遠計者不急遽放吾籌之審矣當以漸除之乃奏復護陵軍士一日自營中散去者幾千人而令缺伍者自今勿復補曾未數年驕悍之士消殄幾盡竟罷振武營嘉靖大同軍變擢按察使蔡天祐爲巡撫先是撫臣既遇害

諸亂卒肆行刼掠、天祐至、乃令武忠桂勇集亂卒、宣諭
朝廷恩威、反覆開諭、諸亂卒暫解散、然皆恐不安、又
訛傳有洗城之說、適戶部遣進士李枝轉餉至鎮、諸亂
卒謂密旨也、衆夜集、擊李枝門訊故、枝自門隙出公
移示之、始信、然衆已集、有謂知縣王某曾白巡撫欲誅
衆卒者、遂往執王殺之、明日逼脇代府、代王懼、潛出居
宣府、天祐等委曲諭撫不定、以狀上、上乃命戶部侍
郎胡瓚督兵討之、瓚至陽和、密檄桂勇督城中兵、計擒
首惡、文移日十數下、于是城中大懼、衆白天祐求自全

天祐傳制諭之曰兵來祗誅首惡脅從不問也汝輩勿助惡即良民無事矣以是首惡者扇惑衆多不從桂勇遂率苗登諸將計擒郭鑑郴忠等十一人皆斬之鑑父郭疤子糾胡雄黄臣徐氊兒等復倡亂報復逼脅諸亂卒盡甲擁桂勇至葉總兵宅天祐暨太監武忠亟馳至諭之衆復少定勇得不遇害衆詣天祐泣訴求止兵天祐曰汝等自作孽至此奈何若今能擒首惡吾爲若轉達兵猶庶可止也諸亂卒乃復擒徐氊兒等首惡四人以獻天祐斬之函首詣闕郭疤子暨諸首惡皆遯匿城

中士人數十輩詣瓚求緩師，不聽，天祐乃疏請班師，復以書止瓚，諸首惡既誅，餘黨釜魚耳，易處也。疏上，命瓚旋師，勑天祐等擒捕餘黨，諭慰代王還國，天祐等省諭鎮城兵民各安業，所刼軍器，令首官，衆稍寧。郭疤子、胡雄慶終不自容，復誘聚餘黨數十人，夜焚總兵王振第，諸卒奔告天祐，天祐曰：曉當治之。明日集諸卒，諭以朝廷班師不屠城之意，且詰亂故，衆曰：夜倡亂者皆知，請閉諸門，户索之，得首惡郭疤子、胡雄等四十人，斬之。天祐復厚賚多間，因事捕誅逆黨，近數百人，大同始

定、嘉靖

傳侍郎鳳翔、衛兵洮岷、時夷間犯階文州、諸將意在邀功、請大伐、公曰、土番故熟夷、非北虜比。天子以其納款臣之。稍稍竊發中國、所時有、非叛也。番居接民壤。連兵結禍、非國之利也。于是宣序恩威、整旅臨之、使獻首禍者、餘不深治。洮岷民番雜居、不稱禮義之國、習為亂爭。公曰、二衛久為華服。不置州建學、何以化導其民。上疏得請、俗由此興。嘉靖

周襄敏公金、在宣府、總督馮侍郎以苛刻失衆、公數爭

之不得、侍郎又以引鹽數萬、與其私人爲市、而商人無能得者、衆固甚怨、會諸軍詣侍郎請粮、不從、且欲鞭之、衆遂憤轟然而罵、因閧帥府、公時以病告、諸屬奔竄泣告公、公曰、吾在也、毋恐、即便服坐院門、召諸把總官、賜罵曰、是若輩剝削之過、不然、諸軍豈不自愛而至此、欲痛鞭之、軍士聞公不委罪若也、氣已平、乃擁跪而前、爲諸把總請曰、非若輩罪也、是總制者罔利不恤我衆耳、公從容諭以利害、衆懽然曰、公生我、始解散去、而總制卧是亦心愧公、嘉靖戶侍方弘靜副憲江西時備兵饒州時亡賴子之嘯聚礦硐者且千人矣公曰簡卒蒐乘示若旦夕往薙者而遣二卒以檄諭曰使者知若等故非盜也爲利昏耳其亟反而田里使者且貸汝生不且以兵問焉大兵一下無處所矣衆一夕鳥獸散去公乃掃其硐而封之嘉靖

程侍郎嗣功僉臬四川時安綿龍州土酋隸部正副故相搆會權金爭利遍稱兵公單車入架阻以大義責之其副隨公車來歸奉要束正猶跛匿公擒首事十餘曹法之二姓革心其搆立解嘉靖

唐公繼祿以御史行部荆州會興山盜起穴高雞寨鑿礦行刼衆至三千人而縣官利賊礦砂之入匿不以聞郡守徐學謨上狀公即日下鵰勦之令守言大祲後兵食俱詘未可輕動且寨險峻難仰攻不如檄降之便公嘿然良久曰吾策之矣擒賊固先擒王乎乃縛縣官來囚之郡獄而陰遣沙市巡簡趙應奎詣高雞寨諭以朝廷威福宜早自解散不且臠汝肉賊下寨羅拜泣曰吾等爲饑寒所迫故聚而丐食一聚則不得散縣官復餌我謂上人未之知也今日之命懸于巡簡願巡簡生

之應奎馳歸以賊語報公頷之急檄郡鈐符票三千如
賊之數復遣應奎詣寨人給一符待以不死姑斥之還
籍有符者諭兵毋得擅殺報功月餘賊黨散盡嘉靖
李布政淑僉憲浙江時有言礦盜聚歙處山中陰爲倭
內主者督府檄公移兵取之公持不可曰饑民弄竹竿
自救死耳寧能越重嶺作鯨海間耶籍開化十餘大姓
能得盜命者責而貰之俾食盜而官稍繼其匱吏爲約
曰居恒不得須繫若即緩急爲縣官奔命其犯約不如
約者皆死賊盡降散後頗收其用嘉靖

薛副使甲、備兵敘瀘、烏蒙烏撒、皆土酋也、始烏蒙强、烏撒弱、强者掩七十里之界而有之、其後烏撒强烏蒙弱、强者欲復故界、而監司更避强名、欲弗與、蓋四十餘年狺狺也、公曰、烏撒衷。烏蒙辟。我惟衷之是徇而諱强乎。明年、播州與永寧復爭地、始播之賦重、而永寧寬播之民陰以地歸永寧、久而播覺之、其酋兩强而爭更鉅、川南東二道俱袖手、而公夙有德于永寧之女酋、諭之曰、毋論汝辟也。强以其民爲我德。于是前後之侵地悉平始撫臣欲爲播而脅永寧以兵、公持之曰、毋煩兵。兵

之。是挑永寧叛也。撫臣始恚公，而卒慚服其言。嘉靖

溫副使如玉，督山東海道，屬登萊人與遼左亡命，交匿諸島，時時摽掠沿海諸縣，議擊之，慮起兵釁，勿擊，則二郡繹騷無已時。公至，先揚軍聲脅之，而遣指揮湯詔等，詣諸島，召其長諭之曰：與若期一月。受署爲良民。不則且盡殲若等。衆惶恐，咸自縛來見公，拊循之，因請兩臺編甲授田起稅，通互市，開關梁，禁爭鬭，島人彬彬約束，比內地矣。嘉靖

李參議學禮在陝西，守關南，甫至，金州守白葛藤亞劉

才負固以叛、公知左右多爲耳目者、佯曰、才安得叛、必上人督過之、山栖草藏偷生旦夕耳、明日才縛其長子文、詣麾下請死、公下文吏、諸悉赦不問、反側自安、人謂公一言、全活人無萬數、嘉靖

趙僉事勲、令瑞金時、先是安遠有黄鄉賊洞、路通閩廣、萬山巖險、征勦莫及、賊葉氏世統其衆、曩設軍門、奏給千夫長印、使之羈束、乙巳冬、千夫長妻曾氏代夫主洞、二子冲幼、姪葉經糾衆剽掠、提督南贛都御史虞公守愚奏征之、官軍敗于賊、勢張甚、兵備副使薛公甲、謂虞

公曰事迫矣非趙瑞金莫辦此賊幕府召問方略公曰賊方鋭戰必敗也今聞賊亦自困且厭其首亂者可往諭使自縛虜公壯而遣之遂挾四小隷單騎入洞初往賊猶未信列兵露刃夾道擁視公推誠慰撫曾氏相率跪服手縛葉經及梗化肆掠者數十人以獻餘黨悉降公又諭曾氏曰官軍征汝奏聞于 朝今雖縛經而二子不詣軍門何以示效順曾氏即出二子付公曰二豎子之命在公矣公曰二子即吾子也當是時諸邑聞瑞金縛賊且得曾氏二子歡呼道路公以二子入軍門觀

者萬人無不稱快虞公不待奏報即以便宜赦曾氏二子送郡學觀禮公再入洞築城寨設巡司而黃鄉賊無不歡呼樂業者　嘉靖

行太僕趙時嘉靖初守廣南府土舍儂承壽欲併其弟承恩而承恩祖土官同知仕獮愛其少子文彬承壽因使跛西閒承恩于仕獮兩人者遂治兵相攻會入寨土舍龍飲叛大吏并以討請兵既集公奮曰夷譬若禽獸然相噬其常性不足煩王師也攜步卒五十人直入廣南召仕獮語之曰祖孫至親亦相殘耶是特奸人欲疲

汝弁取之耳召承恩數之曰祖不順又從而尤之獨無人心耶兩人者又皆泣連頓首以謝諸夷聞爭持牛酒勞公公悉辭讓不受諸夷大悅計以爲郡有公則土官土舍不敢肆而土舍或逼於强大亦欲恃公無恐相與葺廨宇儲芻粟留公以居不旬月從而從者萬家公使人還報大吏大吏方討八寨不能克遽曰趙廣南得人心果然者當使爲我擒龍的以來公即使承恩以兵五千間道趨八寨破的走之于是大吏薦公才請久任以責成效公乃益招輯諸夷若撫驕子勞來誨誘漸約之

以法，諸夷固信公，爭用公教，三年，其衣服、言語、供輸、役作，與內郡等，又漸知文學，後仕解死，而子文寬襲者焉。寨公笑曰：此送死也。伺其歸，伏兵百人，擒誅之，廣南治炳然出諸郡上矣。嘉靖

嘉靖七年，滴水崖軍人賈鑑、錢保等，與市商訟不勝，因激怒衆曰：我輩出死力，捍地方，商非土著人，坐肆罔利，反蔑我輩耶。遂聚圍商居，掠其貨，縱火焚倉場，嬰城，且曰：兵至即走胡。時官兵在境外焚荒，巡撫劉源清聞之，咨遣人至境外，檄副總兵劉淵、參將李彬曰：事已無歸

鎮便可出間道擒滴水諸惡也淵彬馳赴之故作亂之二日兵卽至城下彬部卒飛石墜其陴衆遂附登已而淵至呼曰兵一入殺止亂者耶又得禁焚掠耶乃止因令城中曰撫臺已得情擒止鑑等十八人餘不問鑑等多自殺門開整兵入擒未死數人送鎮斬之嘉靖

李茂者海上巨寇也以盜珠爲業業已聽撫以訛言復自疑且叛夫謀殘諸郡邑人情震怖林公立單騎說降之先後征黎多從其銳士失亡頗衆賊黨爲衰然尚保據巢穴未卽散公說之曰汝曹罪惡當死以有征黎功

足自贖。不乘此時買田宅。自比于編戶。而尚欲陸梁山海間。將令他人利汝曹以爲功矣。皆稽首聽命。即時占籍者六千家。萬曆

瞿運使汝稷起守辰州時。保靖土司彭養正有嫡長子象乾。弗愛。愛庶子象坤。而象乾者。酉陽土司冉御龍甥也。御龍故與永順土司彭元錦有隙。養正亦元錦遂聚兵。逐象乾。立坤。兵拏不解。當道議征之。公謂楚民方困用兵非計。乃檄諭元錦曰。竊聞宣慰恍禮樂而敦詩書數奏膚功。不自矜伐。苟循是道而克終厥美。金日磾之

賢。可跂而及也。乃以挾立彭象坤一事。嘖有煩言。夫立後自有成法。即撫按司道。孰肯從宣慰奈 國家之法者。宣慰世受爵封。指揮進退。罔不如意。三州六司之人豈盡勇力才諝。不逮宣慰。而俛首聽服哉。亦恃 國家之法耳。終身覆幬於 國家之法。而不知法之覆幬我。是猶魚之在水。而不知水之生我也。魚蕩而失水。則雖有鱣鯨之力。且制于螻蟻矣。人縱而敗法。則雖有富強之盛。且罹于戮辱矣。宣慰試計永順富強。孰與哱拜楊應龍哉。哱拜以降胡數立戰功。歷位總戎。遂有驕色。既而鄭經畧行邊以其子承恩隨軍承恩視邊城諸軍皆出其下歸益驕先是歲一日有雀集拜之左肩旋而右繞者三匝凌雲而翔拜喜語人曰煙霄遐舉此其徵乎及寧夏兵亂衆欲推拜父子則先歲雀翔之日也于是乃逐亂軍爲變寧夏城與虜僅隔一後衛守後衛者爲蕭如薰楊司空之壻也狀貌如婦人女子拜遣驍將哱雲往攻之楊司空女力賛其夫誓以死國如薰鼓勇而前以一矢斃雲拜爲奪氣拜父子卒就屠戮雀集之祥可知已矣以拜之强倚北胡之援而一荏弱少年與一

翠惟砥室之女子竟能當先而挫其鋭天下事何可易量乎宣慰之强不過哱拜敵國之援不如强胡職司楚地者又豈乏一弱將一女子哉竊爲宣慰危之也哱拜事尚在非隅播州之役宣慰嘗馳兵而與之角矣往者萬人喪者八千蓋十不存二其强豈後宣慰播地之險且廣又孰與永順也安疆臣九域土司之冠也以女女應龍子豈不念其姻親而從大軍共滅應龍詐一失足于應龍且與應龍同禍故忍情决愛以圖自保也今宣慰釁端尚淺翻然知悔白圭可全若不良圖而逡巡護

前噬臍無及。竊爲宣慰惜之。且宣慰所以甘心象乾不
利其立者，以象乾酉陽所自出，慮其合而扼我也。宣慰
一出師，而象乾僅以身免，酉陽疆土亦日蹙，其無奈宣
慰何亦明矣。重虞易與之鄰國，而忽視不可干之國典，
不亦異乎。昔尉佗決計于陸賈，而彭寵失聽于朱浮，豈
賈浮之言，有善不善哉。兩人之聽異也。宣慰誠能聽本
府之言，尊　國家之法，保靖立後，一循漢法，請力任其
無咎。不然，宣慰所樹碑家廟，以播事垂戒子孫，後事之
師，豈遽忘之也。元錦得檄，涕泣自陳謝，象乾卒得立而

象坤自其父在日，已竄名征播敘疏中，至是遂復寅緣
給宣慰劄，公念如此必再爭，難未已也，亟白兵使者，收
其劄立毀之，奸謀乃息。而元錦所題詩句流傳巫黔間，
語頗不孫，又匿彭勉忠數人不聽出，當事者欲窮治之，
公謂元錦用命不用命，關係國體，詩句有無不足問，彼
既用命，又欲窮治其用事之人，恐威損而法不行。管仲
相齊，下令于流水之源，令下而不察下之所未必從，非
行令之術也。後先奏記數千言，保靖、永順、酉陽三司事
乃大定。萬曆

何參政繼高守福州時歲饑民陳梅等爲亂刦富家粟
聚衆呼譟公先發卒守軍器局而請分兵屯諸巷口身
撫諭之遂定萬曆

蔣參議勸能分轄衡永永與廣西界峒猺爲患時道州
甫被掠公詢鄉民知有猺老者爲之謀主乃集兵聲勦
猺老懼諭其衆歸所掠公因召來與語爲除其罪曉以
禮義又立社學選其子弟教誨之猺人悦服初永以猺
警嚴夜禁犯者輒斬首奸民賄邏卒報其私伺夜出掩
殺之公曰是且甚于猺矣下令必生獲敢擅殺者死聞

里、以安、萬曆

顧公雲程、僉憲江西時、盜三千人聚景德鎮爲亂、其魁曰藍芳威、撫檄公討之、公往省白曰、盜三千、克之必萬人勞費甚、其魁某嘗識之于武塲中、可諭而降也、既得請、乃屬芳威所善朱千户説之、即日散遣其衆、然猶匿山中不出、會盜劉汝國者、猖獗蘄黄間、公復遣千户招芳威出、使乘時自效、戒曰、芳威若疑汝、汝即諭曰、分巡涖此二年餘矣、未嘗欺一平民、况欺汝豪傑耶、且分巡更數月即遷矣、後代者至、誰復能知汝用汝、千户如其

戒芳威果束身詣軍公與之兵數百使備寇界上寇不入境後芳威卒爲名將云萬曆

南太常徐公用簡副使福寧時閩兵土客俱猂縱難制偏將盧爵私忿杖營卒一人伍長羅文玉號衆露刃入爵舍反縛盧爵脅供肆辱一軍皆譁公至自芝城譁者擁門公升堂開門內譁卒諭之曰偏裨恣意僇士律有常刑士聚衆不歸伍當以軍法從事衆皆鳥獸散隨逮爵于獄遣州官慰撫營卒縛文玉入鞫各抵罪寘脅從不治衆乃定萬曆

兵。公文華開府廣西時，田州酋岑大祿與其母梁氏恠挈憤自徙避，隣酋圖披其地，將聲罪而兵之。公曰：此亂階也。亟令大祿迎母歸，爲母子如初，兵端乃寢。方珠盜起，有蜚語廉州主客兵謀叛應賊者，群情皇遽，公不爲動，第移鎮會城，合諸營兵操練犒賞如平時，密捕海上諜一人，磔以徇，内外晏然帖息。萬曆

皇明臣畧纂聞卷之八　終

皇明臣畧纂聞卷之九

江西右叅議前湖廣督學使常熟瞿汝說輯

兵事類

捍

陳敏司教濱州時有妖婦唐賽兒者以邪術惑衆濱之從者六百餘人約先焚州城掠馬畜往據青州爲反計州適乏守倅有密告于公者公自謂已責顧城無門可守乃夜施絙以闌出入忽一人疾馳而來爲絙所縶獲之訊知賊已至使舉火爲內應公急呼州人登城倉猝

無兵器乃投瓦石擊退之公謂賊失利而城下有清河必還而奪舟頃之果然則舟已呼集南岸矣賊知城中有人遂引去公益晝守禦策更四月不宿于家賊連陷數城山東人擾而濱獨完無事永樂

羅都御史通謫知交趾清化州時黎利叛　上命成山侯王通往討敗于賊割七城求解檄至清化公說守將指揮打忠曰吾與若受　天子命守城豈以王通一妄人言遂棄城委賊耶今城降者賊盡屠之與其委城就戮孰若死守之戮等耳猶有令名況吾拊循清化人六

年皆可用城萬有一得全乎忠爲感動是時簡練城中士卒可用者千人而設方畧晝夜擐甲登城督兵防守黎利來攻不可拔賊于城東南西門外囊土爲山一夕而成與城埒將士皆危懼公曰賊衆我寡難以力勝今紿約日出降賊必少怠乘其怠襲攻之可破也衆從計是夜擇敢死士百人秉火突開城南門鼓譟而出衆皆隨之直搗土山斬其梟勇數十百人賊敗盡焚其飛樓雲梯賊無所據勢益沮又安降將蔡福來說公公曰若乃爲賊作說客耶吾立斬汝矣福皇恐而退王通等遂

以交趾全城并諸屬郡悉降黎利黎利送王通與官軍
公與打忠聞之即懷印歸賊不敢逼永樂
御史盛杲以直諫謫令羅江隣邑德陽冦趙鏵者僭稱
趙王所至屠戮攻成都官軍覆陷殺汪都司勢叵測羅
江故無城公晝開四門市中各閉戶藏兵於內約砲響
兵出又伏奇兵山隈陽示弱遣迎賊賊入未半公率義勇
士開戶聞砲聲兵突出各橫截殺賊賊不相救山隈伏
兵應聲夾攻殊死鬬賊大北斬獲無筭俘獲子女財物
盡給其民邑頼以完宣德

札宥以御史謫知英德縣時猺寇猖獗邑故無城樹木柵爲固公剏爲之城城成而寇適至躬冒矢石與民効守糧盡矢竭而圍不解乃選敢死士夜縋城下縱火焚賊所據民廬賊驚潰遁去宣德

譚讓以通判署開化篆時姚源賊出沒開化境公設禦甚備賊故多公南昌舊撫人不攻而語公所部曰此故父母善吏何可忘也迂騎速過已又檄公禦壕嶺西寨賊至見題版樹所築寨曰譚某築臣復不攻而破他寨入之公乃率兵殊死戰斬賊首三百馳還初公與賊遇

以兵少、間道避深山中、山巨室方瑞見公曰、公撫開化有恩。民不忍棄公。即欲破賊。山多獵家。皆公鼓所免勿爲軍者。僕請爲公招之。乃持公手筆遍示、得七十餘人、遣力士二十餘人、夜直入賊臥、擒殺其首、賊驚以爲大兵悉至、因奔散、于是公始得脫而破賊正統

正統間、沙寇鄧茂七亂、揮同楊廣、領兵守將樂、賊數萬至、以車攻城、其車之制、高約與城齊、冐以牛 革、上用大竹二、交揉繫之、如抱手狀、竹之上、置版數片、及城則發竹以鬭兵、板隨行而下、跨城以度衆、廣積鐵鎔之而

梔木城上，以俟比至，竹爲木所捍，不得發。又以鐵貓鉤其軍，令不得進退。取草褁竹燈檠投其上，乃以所鎔鐵澆之，草著鐵即熾，車悉焚毀，賊潰。廣與千戶徐昇乘勝出戰，斬殺甚衆，城賴以完。正統

路寬，景泰間知臨武縣。時城塹未訖工，而賊報屢至，寬立刻督課之，旬月告成。而廣連民導獠獞爲寇，寬先募戰士江總等二百餘人，結營南嶺下。哨報至，營中士卒四出就餉，其在營者强半爾。賊人擁衆數千驟至，衆皆以多寡不敵，議避之。江曰：此地阻險，雖有百萬人無所

施其衆也我視賊陳不整因其未陳而薄之可以得志遂麾其衆以進賊果亂乘勝逐之而殲焉寬得報乃往勞于營中時江總爲流矢中其股不能步寬即出所乘之輿以乘江而身自騎以歸初建通濟橋成寬早出閱兵視其路迂廻手指市民而語之曰從此出彼爲便言訖而去市民即撤屋毀垣如其所指而路焉日中返履之如故道景泰

都御史羅亨信在宣府己巳也先入寇所至州縣文武官皆遁英廟方北狩人心洶洶宣府孤城危甚當國者

建議速召宣府總戎官率兵入衛京師或欲遂棄其城衆就道公乃毅然仗劍坐當門拒之且下令曰敢有出城者手斬之衆遂定城中老稚歡呼曰吾屬生矣因設策捍禦虜不敢南會報宦官喜寧偕虜詣城下議和客遣驍將楊俊伏兵擒之虜患乃息景泰

陶布政魯丞新會時廣右猺賊流刼盡雷廉高肇以東之境破城殺吏掠至香山順德公召父老于庭誓曰賊氣將吞吾城若父兄能率子弟從我以死守城邑保家族乎皆曰諾乃築塞堡與民守之中立以捍東西寇賊

之衛築輔城以衛厥城浚外溝以衛厥輔城布鐵蒺藜植刺竹以衛厥溝人守其土殊死戰別寨分兵相援一邑之勢如腹心相聯絡賊至不得犯。天順

何盛知高州府府城外西北坊廂民多居焉時炭山賊來刼擄坊廂輒被其毒公召邑令議詳暨坊老等共謀立柵開塹密種刺竹以爲防禦衆以工浩力寡難之公曰是非爾所知也遂命民壯率其居民採木爲柵掘地爲塹繚以竹刺躬臨經畫兩月而完計七百九十餘丈建鼓樓鳴柝以防晝夜設保民寧江靖江清江四門以

晨出入賊知其然不敢輕至巳卯臘半公往逺職賊來犯城荷梯欲從東入阻于刺竹柵塹之險棄梯而退城廂均賴以安 天順

王鏌知宜興縣時太湖盜發剽切焚燎鏌聚衆悉力備禦訪宋元水寨遺址立堡二十堡建警樓十二楹募下壯三千番守之寇至則鳴桴合勦去則歸農兵不知勞盜不入境民以安堵云 弘治

郭懋爲河南杞縣教諭抵官之明日而師五之難作自歸德一晝夜破考城柘城逹杞三十里而軍邑令其股

粟、欲遁去、公正色曰、公受專城、臨難而去之、謂王命何、即爲令晝守城事甚具、令曰、然則修城乎、公曰、烏有去賊三十里而始委土者乎、令富人之樓居者、出板木、補城隙處而登陴焉、令壯士手劍當門、曰、有不一意固守而敢竄逸者、斬以狥、屬兩臺晝夜偵邑中消息得狀、下檄以城社屬公、公乃擐城中丁壯、約五百餘人、書其名陴上、使遍爲守、倉卒又苦無軍食、下令城中戶各出乾餱一升、富者倍之、三日積穀十囷、可充兩月食矣、時開府無意出師、而賊旦夕且薄城下、城中號泣聲不絕、乃

大張黃蓋、鼓吹作樂、巡城上、聲言督府大軍至矣、賊以數騎來探、知有備、又誤謂開府軍至、遂宵遁、正德

王翃知安平縣、河間真定神武三衛屯卒在安平、軍士相沿不奉約束、公謂既居吾土。不從吾教、可乎。脫有他變。責將誰歸。因立屯老、編總小甲、以聯屬之、申嚴其令、俾不得肆、有頑梗者、即繩以法、辛未、群盜起畿甸、攻城屠邑、所至淫掠、公築堤挑塹、高城深池、爲捍禦、賊屢窺城、以身督民兵、奮死守之、卒保其城、正德

許忠節公逵、令樂陵時、劇賊劉七齊彥名、颷起畿甸、焚

屠城邑公急爲築城濬隍倡勇繕械令民家各治土垣度高于簷宇垣闢一竇如圭僅容一人家令二壯者執刃伏竇内餘編隊伍匿曲巷中令曰守吾令視吾旗鼓違者軍法從事乃洞開城門如虚邑寇入兵發一無所逞乃旗舉伏發斬獲殆盡又募敢士千人人持大挺隨賊向往擊人馬俱斃蓋自是寇弗敢近樂陵矣正德

副使羅公循知鎮江府時巨寇劉六等自南京流入境鎮江郭外居民皆奔城而指揮使閉門自守公鬪之罵曰是誠人耶爲城將以衛民未聞棄民嬰空城也乃斧

扃鑰納之迨夜乃止復多爲旗幟江上諸山復以小舟
載砲石發葦洲中爲疑兵公自乘城鳴枹鼓令老弱各
執戈殳擊釜銚助軍勢呼聲震天地寇遥望不敢逼正德
張都御史文錦知安慶府時宸濠來攻公出府庫金懸
于城上向守備楊鋭曰師行號令出于君而信賞係于
我鋭喜曰戎可以即矣濠遣賊將持僞檄于門下誘降
或問文錦文錦曰吾只有一箇死字遂手刃一疑二者
以示衆衆皆股栗賊造層梯數十四方方二丈高于城
外蔽以板中伏兵攻城公令城中預備舊茅厦候之賊

推梯，梯卽以厦掩之，而隨之以火，茅着梯，火着茅，乃遂發。賊不及走，梯已被焚矣。正德

王尚書以旂爲上高令時，華林賊方熾，郡邑戒嚴，上高故無城，難守，公至，集鄉兵躬與訓練，扼要害之所，徧置鐵蒺藜，以拒衝犯，又多揚聲疑華林，華林賊自是不敢窺上高。已又生擒流賊伍廣等數十人，闔境帖然。嘉靖

閩寇流劫，害兵使汪一中，勢張甚，業且犯永豐，時陳公瓚爲令，檄五鄉兵分徼之，而伏壯士數里外以待，賊酋二大王者，恃勇介而馳，遇伏，發，授首，餘衆潰，掠五鄉，役

爲鄉兵所破，遂絕界遁去。嘉靖

劉侍郎畿令瑞安時，島寇犯黃巖，公趣徙傍地子女貨賄內，內城而增其雉堞，練義勇，峙糗糧，乘城爲守備。居月餘，寇至無所得，遂巡去。瑞爲邑東南，襟江枕海，有鳳凰南屺諸島，爲寇巢，西北阻山，而三港遮浦，爲括閩道，寇所必爭。公益募括蒼、泰順壯士，雜邑子弟教之，爲陸陳扼其吭，沿江鑿濠，繚以周垣，修列戰艦，益署福清、蒼山船，相牙角，調漁舟爲偵伺，身戎服而旬試之。明年，却賊于飛雲江，又殲之于桐嶺，盡溫之境，賴公以寧。嘉靖侯參議應爵攝篆羅定州時請設東安西寧二邑封門南鄉四所分田制里建學築城以道臣彈壓之疏上即以公補羅定僉事甫蒞任西山主帥病去猺兵起會行部西寧諜者踵至從卒不踰二百餘邑令請勿往公亟趨行甫至日將昳矣男婦擔釜累跰如織人人自危公下令有不荷戈殲賊者斬夜半飲酒歌詩自若陰令斬竹千竿裂繒衣爲幟令男婦晨起蓐食登城立幟闔三門一門半闔疏隊而出賊遥望莫測多寡公披紅繡伏斂率所部登城座下有銛矛借百枝不足用衆偶語籍

籍、願閉堞守、公下令曰、朝廷設官守城。無封門。則無西寧矣爾曹能活乎。追賊薄城下、見赤幟耀日、若大兵從天而降、三鼓、賊遁去、乃擊牛釃酒饗軍士、當事者匿公功、不以聞、亡何、有司上瀧水縣學舊印、賊掠以去、公行間知印伏處、即簡健卒、假撫爲名、日與賊蒲出其不意、掘之樹下、乃從所行道衷甲、列騎遍傳以歸、復整軍勒之、嘉靖

宗副使臣之參閩藩也、至而旋有倭難、當守西門、鄉珉襁負求入者幾萬人、公戒門者內之、或謂賊且近、奈何、

公曰、吾在。不虞賊也。入甫畢、賊至。衆懼失色、公行、求得、善火具者百人、置要害間、手白金人爲勞、且約曰、俟吾鼓而俱發。不然。毋動也。賊輕城無人、凌睥睨上、魚貫其後、公度賊已集、鼓之、火具累百發、洞中賊死者無算、遂以潰去、嘉靖

王知縣鉄、令常熟、邑海壖大豪、多藪亡命作姦、監司檄攸之、公曰、網疏則魚漏。繩急則麕驚、招之便。亡何、諸大豪躡踵至、公盡貫其罪、俾隸署中、爲爪牙、歲癸丑、島夷入寇、吳中震動、公語諸大豪曰、爾輩罪百。吾不卽爾刑。

以有緩急也一日寇來爾輩何以報我咸曰願効死公乃立爲者長俾部署子弟得數百人合邑中素練士教射列陣至旰食命工厲兵械猝冶金不集權輦佛寺中鍾千石者鎔之又購夷弩弓刀倣其製試以擊刺無不應者乃閱獄簿得重犯桀黠數人許立功贖罪先試之太倉駕輕舟出賊旁以火攻之夷衆殲焉繇是我衆作氣邑故無城公請監司城之甫興役寇犯福山且內向公曰彼見吾樓櫓不立必攀援上壘立陷矣不如逆之且示有備于是立部分其屬洎鄉縉紳居守而自率者

民兵逆于尚墅會邑簿李公宗昭有蒼頭安者猝遇賊挾毒弩射殪三人夷惴恐宵遁公乃親執扶行築凡三月而城成甲寅夷繇故道入薄城編珉有以强弩射獵為生者公集之守城夷犯東門彀弩射之一發輒殪其勇者復冒矢來公命善投石者郤之明日夷轉薄西山乘山高巔以臨勢洶洶而城中又陰伏夷黨公搜得所伏及為所向導于城外者親刃而支解之户于城上且臠其肉啗以示夷夷失其援稍稍引去公曰寇來未創也而去其懈我耳倍繕具待之詰朝大雨城新圮夷

果突至，乘風縱火，攻城北，烟偪守陴者，將散，夷升壘，在頃刻，而公亟呼民牢駐，自頂笠衣簑，當城崩所，補苴之，城復完，乃督兵出間道接戰，斬首數級，夷潰走，夏復入三丈浦大掠，公馳羽書乞援，備兵任公環統苗卒應公，比戰大捷，斬首百五十級，生縛七人，溺死者不可勝數，吳越論勳寇功，輒以三丈浦爲冠。嘉靖

湯建衛令新城，寇至新城，民久不見兵革，守備王址死焉，公度勢不敵，則整衣冠坐堂啖飯，賊疑有伏，引去，公乃修垣鑿塹，敎民戰守，又相城東要害，建環勝堂，日居

其中講武。辛酉春，賊犯城南門，公令城上兵誘射六人殪，賊始却。秋，賊蹂宜黄等處，遂入邑境，據樟村。公遣人夜以砲石驚其營，邑以無恐。後賊詗知新城無援，將掩我不備。公諜知其情，乃捐俸犒士，士爲感泣。賊攻南門，公遣兵載火筏渡水逆戰，賊不能進。明日攻東門，公豫令人密布鐵蒺藜竹簽于地，城上復注矢砲擬之。賊復趨城南，張旗執鎗，翼而前。我兵以狼筅格之，賊仆，奪其旗，城上鼓譟助之。賊不得利，乃宵遁。初有建議請援兵者，公却之。人問其故，公曰：請之未必至，不至則衆解體矣。

聞者乃服。嘉靖

嘉靖丙辰四月，倭賊攻江陰城，日縱鉛彈從城罅隙入。主簿曹廷慧率其子奮勇去石三塊，火器一時俱下，倭遂退却。至六月十四日晡時，倭賊四面圍截北門，更告急，人無固志。曹父子與兵衆僅十二三人，縣令且欲移家眷于學宫，或勸曹暫自爲計，曹叱曰：此地乃吾死所。手斫家人一耳，又將刃其子，衆遂不敢動。賊作牛皮障自覆鑿城，乃大索城中薪貫火擲城外不止，又用人糞煎滾，用鐵銷汁，探賊聚處灌之，復擊以砲，倭賊始不敢

近嘉靖

林立以梓潼令攝文昌時制府下令盡捕諸盜珠與私販者公策必召亂亂則首及文昌亟戒民爲備草檄遣邑丞馳往諭諸私販者毋從賊仍誡丞渡江速歸吾慮此賊暮且發少遲不及濟矣丞不信方飲於巡司而金鼓大震報賊至乃急渡賊望見冠蓋問孰誰或紿之曰官知若亂令邑丞以卒三百來爲備耳賊駭不敢趨文昌攻清瀾所破之文昌距清瀾僅十里城中居民不數百守者皆清瀾軍餘聞清瀾破迯遁去獨民兵百人公

分其半守隘其半伏蒼莽處張旗幟爲疑兵賊望之稍却屬有裨將提兵至公犒其師留共守或傳賊且悉衆薄城其人恟懼夜遁去公訣别家誓以死殉頃之賊至公大開城門賊不敢入登陴數其罪自旦至日中語不休忽指一渠魁曰汝非溧前溪耶曩吾抵汝巢見汝有子髫而秀今安在曰不顧家矣公曰凡人所以自苦者爲妻孥也身爲盜旦夕不自保妻子爲戮于汝何利焉夫去盜爲氓美名也室家歡娱抱子弄孫長無骨肉之憂至樂也禍福何常汝宜自擇賊大感悟相顧泣下然

懼以破清瀾爲罪、公謂汝曹無慮。第遣急足走蘱門告招吾，當爲汝請。賊喜、羅拜去、歸所掠三百人以待命。會有參將率師至、乘賊不備、焚其舟、賊大潰、瓊南遂安。都護欲盡殺被虜上功、公力爭乃免。文昌人家祀公矣、萬曆

皇明臣畧纂聞卷之九

皇明臣畧纂聞卷之十

江西右叅議前湖廣督學使常熟瞿汝說輯

兵事類

录

朱恭簡公英撫兩廣，戎帥喜邀功，每張大賊勢，覬用兵，得成其私。公深知其弊，下令撫輯猺獠，各安生業，有梗令者始購首惡誅之。要害所在，芻粟皆豫，或因糧於寇，故兵民咸息，盜亦無敢肆亂者。廣西立山猺賊嚮順，請置永安州，以其子世吏目，餘黨皆爲編氓。後山惡乘間

出掠有利其田者風所司以亂聞或請屠其鄉公移兵臨之語其良民執諸兇以獻誅止數十所活以萬計成化

童大司空瑞參政廣西時平樂府猺獞繫獄者百餘人公廉之多寃濫乃直之仍具牛酒犒其渠帥使緝其部落咸感泣受約束正德

唐侍郎胄以副使備兵金騰宣慰木邦孟養爭地搆兵連歲鎮巡議興師討之公曰毋煩師乃覈木邦先世與地所由諭以國恩木邦感激獻地兵遂寢正德

萬文恭公士和參湖藩撫苗先是治苗使者頗貪歛畜

之好任用一切苛碎、以故怨望多叛、公曰古不有朝羽人從裸國者乎、乃悉芟去苛法、時其疾苦煥咻之、羣苗聽撫者二十八寨、嘉靖

詹侍郎榮撫甘肅時、魯迷貢使留甘州者九十餘人、大帥楊信驅以禦虜、死者九人、公劾信、夷以好來、而用之鋒鏑、傷向化心、且示虜弱、非計也、詔奪信官、厚恤死者、擕車送歸國、夷皆悅服、嘉靖

隆慶間、遊擊將軍何勳鎮古北口、屬夷黃太極親兵趄兎有鐵騎三千、徼求無厭、公御以信義、而嚴兵以待、酋

不得遲朝貢如期常單騎臨其幕中酋婦女羅拜喜曰何太師幸臨我視我猶家人父子也進酪漿及所獵禽鹿繫之馬後而還已移公龍固關而代者朘削夷夷叛之諸臺請加公副帥復故鎮夷乃安而公以勞勩疾請解任後復有激夷叛者守將恐杜門莫知策所出督府王公言之石司馬令公處麾下備緩急王公使公諭夷而徼兵尾其後夷反唇輒殺無赦符檄雨下公言兵烏合不相習夷畜憤久其備將牢以不習之兵當有備之虜鮮不敗矣誠假我故日威儀往撫庶幾可安王公從

之而公褒衣大帶乘藍轝以平頭奴子隨行先使譯者語夷何太師來夷不信飛騎遠偵狀騎還報果何太師也其長趨而迎擁公輿而言所以驛繹故皆大哭公亦爲之隕涕而勞苦之曰若屬稱不侵不叛之臣且二百年國家恩德良厚郎我二三關吏賜之不時幣之不物以閧督府可耳何遽撊然爲大邦仇自取夷滅督府以我知若曹虛實起家再鎮勝兵四合滅跡掃塵若曹其自爲策皆齧指矢不相負公乃白督府復給夷賜如故挈妻荷子負戴成羣廻首面内襁譯無曠王公留公建

牙公固辭遂歸隆慶

許侍郎孚遠撫閩時呂宋者海南小國也素與我通商人掠其貨反指爲賊公曰是我商不直彼何罪上疏赦其國罪商人海外感德萬曆

兵侍蕭公廩撫陝時徊夷以拾麥羣行間有所盜竊衆議欲遂勦殺爲功公曰彼逆虜耶柰何禽薙而獸獮之諭令縛獻首惡戮之因約拾麥不得羣十人又不得以兵器從徊夷皆感泣如命萬曆

皇明臣畧纂聞卷之十

皇明臣畧纂聞卷之

江西右叅議前湖廣督學使常熟瞿汝說輯

兵事類

化

副使王公化令平遠時平遠地故澤藪巖險湍悍賊穿竄箐石中動以萬計輕囂妄走汀閩間咸被其害當事者建議設總兵并伸威道猶不能制至是乃請縣之公初至謁督府即請行縣督府遽止之曰今賊勢如炎奈何先失吾令公撊然起曰不可縣立也新而不置官賊

心益不安且吾不入當誰入者竟單騎往進其父老諭
之曰若屬盤牙有年罪不可赦我旣奉　命來爲若父
毋一切熟惡寘不問所不悛者有一劍耳衆叩頭唯唯
公高睇大度日坐草亭中治事闢垣壘物土宜興教化
復邦賦蚤糺晏思推誠已責凡所以卵翼之甚備一日
長田人假牌捕賊公輒庭數之曰環視皆吾良民捕者
爲誰立榜殺其人衆皆感泣羅拜曰始見公之膽而已
今乃見公之心矣于是各寨盡出所掠民間子女一時
扶携歸者三千餘人間巡行寨中至則呼其酋治食食

畢則鼾所以兵餉置其家又時時命優人辦演雜劇所
謂忠孝故事以聳動之無不爽心思復者嘉靖
林知縣立閩人也其棄諸生而來粤西李都護實招之
屬有懷遠之亂賴公而戢懷遠者古牂牁地國初置縣
隸柳州編戶三甲雜處獞獞中漸淪爲夷縣令率寄治
他所萬曆初令馬嗣武一入其地爲所戕事聞詔大發
兵誅之久無功且議屠三甲公爲力請得免三甲人祠
祀公於古尼山公於是往來蠻洞間稍稍說誘之未幾
皆輸服復其徭公又言于都護曰夷性無常不以禮義

變華其俗亂未已也請以單車往都護以百金爲公壽公笑而去吾爲一方生靈計豈利百金耶搜其橐得五金盡市經史諸書挾一老儒通蠻語者與俱途次修仁有老人盛供具出女行酒請侍巾櫛公佯醉去之誅茅古尼山栖焉諸夷聞公來大喜餽問不絕更迭來侍出則具肩輿佩刀劍以從公與約毋行刼毋相戕毋闌出入犯禁者衆共攻之取其貲夷唯唯請受令相率遣子入學人始知書矣公又開導以婚姻男女之節更椎髻而冠服之別倫類通語言禁巫蠱俗尚大變浸浸有華

風凰猺不便也謀害公公作木契頒諸峒猺入犯則傳
契發兵合力共拒之猺卒不敢動右江以安都護忌公
功流言公得夷心將有異圖公避而出夷復亂公入則
奉約束如故流言乃息亡何公以所教夷童岑鈇等十
四人進于郡能誦大學章句歌鹿鳴南山章甚雍容也
試經義破題則立就自郡守而下皆大驚何物林生能
使侏㒧遽肖若是遂以進督學使者皆列諸生兩臺使
欲俾公世官公力辭乃以諸生食廩餼仍請于朝以明
經應選公行夷人追送夾道泣公慰藉良久乃得去萬曆

朱知縣梓鳳陽人萬曆間以椽史爲靖州千戶所吏目信義倜儻饒智畧苗與民市民輒紿欺之動至忿激戕鬬梓爲立市長令各以所市物萃于各市長而平其直毋相欺紿苗乃悅苗窘食于儉歲梓爲區畫有富民某者梓習之謂曰使苗縱刼以求活何若市惠于我遂身爲貸而大出其廪以援所急苗德之苗自有仇懟梓輒爲分解各愜意去後有爭遂無不願質朱公者其酋長某某嘗殺梓曲諭之遂改行一日復殺人于某村梓質之酋酋謝曰此部中人所爲吾何知梓曰此難以辭責于

長也君能自止其殺而不能止人之殺責何歸盡自今稍約之於是爲酋立約法大畧如甲伍之意自此酋長亦不復殺矣梓又訓習酋之子弟市所刻忠義故事等書散布之或時與解說而又里置一訓蒙者教之識字義苗人漸欲自比中華梓乃請建縣治兩臺疏允設天柱縣屬於靖州而即以梓令之令天柱九年滿秩苗民爭詣闕請留復任三年萬曆

田界算圖　卷之上　四

纂圖卷之上

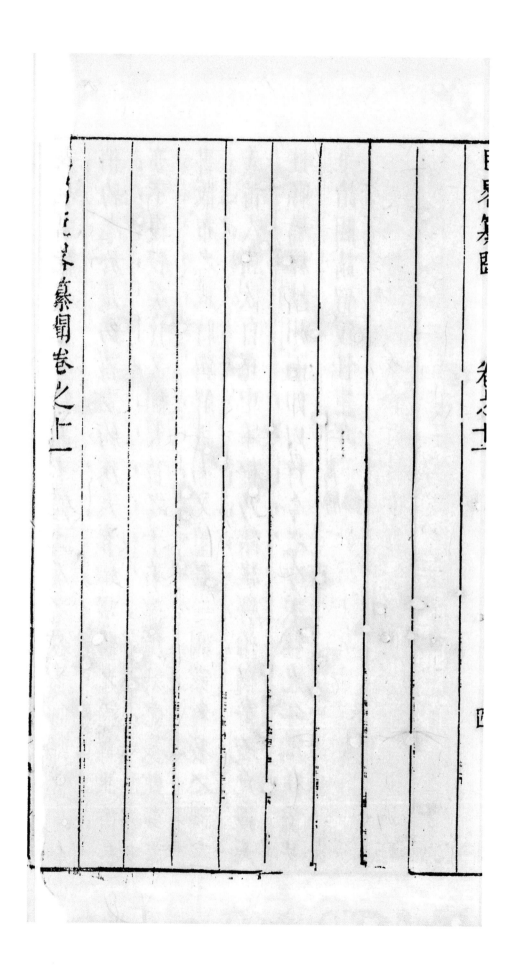

皇明臣畧纂聞卷之十二

江西右叅議前湖廣督學使常熟瞿汝説輯

兵事類

勳

中山徐達從上克和陽，下俞通海等水寨，蠻子海牙據采石相距，達別率精兵數千，取溧陽溧水二城，斷其肘，故諸軍前薄，大破蠻子海牙，拔采石，定太平，擒陳埜先，乘勝下集慶路，攻鎮江，走苗帥完者，修平章定定，號令明肅，城中不知有兵。張士誠誘我降將陳保二，發舟師來逼達敗之追奔至常州士誠之弟士德以卒數萬來援達與諸將計曰士德勇冠軍且狡未易力勝也去城十八里爲三覆以待而別選鐵騎屬總管王均用將之乃前儌士德兵既交均用鐵騎衝其中堅陣亂士德走遇覆馬蹶獲之遂大破其軍洪武

丙午征吳上召諸將議右相國李善長以士誠兵尚强且饒蓄積宜少緩徐達曰張氏汰而苛其大將李伯昇輩積子女玉帛旦夕人耳用事者黃蔡葉三叅軍白面書生易與也臣奉上威德以大兵壓之當自潰上大悅

以達爲大將軍率師二十萬討士誠時副將軍遇春欲徑擣平江上曰不然賊分其衆駐吴興錢塘以自輔我頓兵堅城不克而招二輔之援非計也先攻吴興便乃悉舟師自太湖趨薄吴興鏖戰于皂林之野生擒張兵六萬不戮一卒盡赴京師十一月師抵平江達營葑門分兵營婁胥閶盤諸門築長圍架木塔與城中浮屠等別築臺三層下瞰城中設火筒其上二發連中又設襄陽礮礮風着人皆死時平江城堅難卒拔莫天祐爲士誠守無錫更相唇齒其將楊茂善泅數從水中爲偵達

獲茂釋而厚賞之使往來爲閒因盡得其虛實知城中困乏督兵急攻破其城縛士誠送建康得兵二十五萬逵之將破城也與遇春約曰師入吾營而左公營而右將士人予一牌曰掠民財者死毀民居者死離營二十里者死師入而民不知有兵食寢互市如故洪武

上議北伐平章遇春請直擣元都執羇主以臨天下帝曰壯哉而昔所畫下平江策也吾欲先取山東撤其屏蔽旋掩河南斷羽翼拔潼關而守之天下形勢入我掌握不待鏖牧野而元都下矣鼓行而西雲中九原以逮

關隴可席捲也徐達曰上筴之善于是達爲征虜大將軍達遂克沂州取益都下濟南濟寧東昌諸郡乃籍山東城邑俘獲軍實之數以上洪武元年引兵渡陳橋取汴梁略洛陽長驅崤函抵潼關五月上幸汴謁行在所召問計取元都達對曰大兵平齊魯掃河洛擴廓自保之不暇而敢離其穴我西據潼關李思齊張思道鼂奪遠竄元都一穽中孤豚耳誰與爲臂指者臣不佞仗天威取之如拉朽遂拜命渡河北收衛輝彰德廣平深趙出臨清取德滄至直沽獲海舟聯橋濟師丞相也速不

戰走遂克河西務入通州與遇春夾河而軍夜三鼓元君及其后妃太子開建德門以其車服重寶跳踰五日達進師塡濠入陳兵登齊化門執其監國太尉丞相等數以奉職無狀僇之封府庫籍其圖書金玉楮幣以兵千人守宫殿門使宦寺監護其宫人妃主給餼廩無缺吏士一切按堵市不易肆既而順德諸守將皆自山西來降承制立燕山六衛守禦北平畧保定中山河間懷慶轉入山西所過擇守要害進圖太原時擴廓帖木兒兵方自保安謀踰居庸關擣故都達聞之謂諸將曰擣

廓兵遠出，太原必虛。非平孫都督擁六衛之師足以抗禦，我直抵太原，覆其巢穴，則彼進不得戰，退無所依，此兵法所謂批亢擣虛也。太原下，擴廓不戰潰矣。諸將皆曰善。引兵徑進。擴廓還軍來救，鋒銳甚。達遣精兵夜襲其營，擴廓方燃燭坐帳中，聞變倉卒，不知所爲，亟納靴未竟，跣一足，踰帳後，乘驏馬遁去。遂克太原。遣薛顯、傅友德徼破賀宗哲于石州，而身率兵自霍下平陽，取鹿臺、河中、西安、鳳翔。會諸將議兵所向，諸將皆以張思道才不如李思齊，慶陽易於臨洮，先取慶陽，從隴西攻臨

洮便。達曰，不然。思道自守虜耳。城險而兵精，卒未易拔
也。臨洮非界河湟，西控羌夷，地富而人衆，以大兵壓之，
思齊不走絕徼，則束手降矣。思齊降，全陝皆我有。遂決
策度隴，至鞏昌，遣副將馮宗異征臨洮，思齊果不戰出
降。使使諭慶陽，思道懼，跳之寧夏，其弟良臣亦以慶陽
降。達西征平凉，良臣復叛，達趨至涇原，遣將率精騎扼
其出入，絕聲援，別將圍其城，其平章姚暉等開門納師，
良臣投井，出而斬之，陝西悉平。三年，總兵征沙漠，至於
定西，擴廓發精兵從間道潛刼東南壘，舉軍驚擾，左丞

胡德濟倉卒不知所措，達自率帳前卒擊之，敵始退。德濟故功臣越公大海子也，達械之送京師，而斬其部下趙指揮數人以狥。明日整兵奪溝而戰，遂大破之。達既已破平擴廓，乃使鄧將軍因兵威脇降西番，而自攻取興元。會左副將軍亦以兵襲應昌，盡得元嗣主之嫡孫、后妃、將相、寶玉、士馬、車服無算，先後露布聞。詔振旅還京，進封魏國公，明年復佩大將軍印鎮北平，以便宜徙山後順寧等處軍民戶三萬五千八百口一十九萬七千餘，籍爲軍者給月廩，爲民者給田以耕，凡置屯二

百五十四，定墾田一千三百四十三頃，北平軍府之用皆頼之。洪武

開平常遇春，初棄劉聚而歸上，請願爲先鋒。上曰：爾以饑來歸，且有故主在。遇春頓首泣曰：劉聚盜耳，無能爲也。倘得效犬馬力，某雖死猶生。上猶弗許。既渡江，抵采石，元兵置陣磯上，舟相去三丈餘。遇春飛舸至，上麾之，應聲挺戈躍而上，敵皆披靡。大兵乘之，敗其衆，遂乗勝取太平，始授總管府先鋒。洪武

丙申，上已渡江，而將士家屬輜重皆在北，滁和之守備

單弱元中丞蠻子海牙擁舟師數萬襲據采石界其中音問絶上使遇春將兵攻之遇春至設疑兵以分其勢而自率正兵直擣之既合別遣輕舸以奇兵横衝海牙之舟分而爲二左右縱擊大破之悉俘其精鋭自是元師扼江之勢衰而南北通矣 洪武

常公遇春拔安慶者自勝水寨友諒聲言且援安慶遇春策曰必攻池州賊悍我選卒萬人伏九華山友諒兵果攻池州城中伐鼓大噪伏盡發城中應之遂大破其衆俘斬萬人 洪武

上與友諒遇於彭蠡湖，聯舟大戰，張定邊奮前犯上，遇春射之，定邊中矢走，上乘舟膠沙，遇春力脫上舟，舟被鬨，又復力戰得脫，明日復大戰，乘風縱火，舟焚數十里，湖水盡赤，友諒乃退保鞋山，諸將以漢兵尚强，欲縱之去，遇春在上旁，獨不言，我師出湖口，皆言江流急，宜放舟下　上知諸將怯，令舟盡拖上流，遇春獨應曰善，率諸將邀流並上，控湖口，旬有五日，友諒軍食乏，以百艘突圍湖口　上蹴之，自晨至酉，竟殲友諒　洪武

丁未，大發兵討張士誠，舟師出太湖，擒尹萬戶，趨湖州，

水陸鏖戰敵大潰遂薄其城晝夜環攻張士信請竟内兵屯舊館壓我師背遇春率奇兵由大全港入營於東阡郅壓其背士信急抽精兵搏戰遇春鼓將士立破之復破其援兵於烏鎮士信跳舊館之卒六萬悉降湖州下遂進圍平江路縛士誠以歸藉其兵二十有五萬洪武遇春從大將軍北伐略定山東諸郡遂破汴梁進攻河南元兵五萬屯洛北迎戰遇春布陣既定單騎執弓矢馳入陣敵以二十騎攢槊共刺遇春發一矢殪當先者大呼而入麾下壯士從之遂盡殺其二十騎敵遂大潰

河南下、諸郡邑悉平、洪武
遇春從大將軍徐達下河北諸郡、遂移兵徇大原守將
擴廓帖木兒率銳兵逆戰、遇春與達謀曰、我騎兵雖集。
步卒未至、若遣精騎夜刦其營、其衆可亂。衆亂。將可縛
也。擴廓遂以此潰走。洪武
上命常遇春討江西未附州郡、進次吉安、時故陳友諒
知院饒鼎臣守吉安、遇春遣人謂之曰、吾今往取贛、可
出城一言而去。鼎臣怖懼不敢出、遣其幼子出見、遇春
命坐而飲之、又贈以衣服遣歸、曰、歸語而父將欲何爲。

隔而不見吾往矣不能爲爾留可善自爲計鼎臣即夜弃城走安福遇春遂復吉安乃引兵趨贛州洪武岐陽李文忠敗元阿魯灰於萬年街遂敗苗軍于於潛昌化獲其婦女輜重甚夥公以士飽且驕夜潛殺所獲而焚其輜重曰患不力戰耳何患不富貴遂前襲破洪元帥營降其衆已亥會鄧愈胡大海之師取嚴州時嚴新下城壘未固而張士誠挾苗獠水陸數萬奄至文忠以輕兵逆擊大破之馘其首標之槎乘流而下水兵見而夜遁遂克諸暨壬寅擊走苗叛將蔣英癸卯諸暨守

將謝再興叛復破之再興走文忠以反側郡處兩叛間又與强虜接壤而練兵繕甲屹不可犯始文忠所築逼諸暨而城者曰新城士誠之將李伯昇悉兵二十萬來圍文忠馳救之或曰嚴寔吾藩垣所寄虜若闞公往即起乘之柰何諸暨雖被圍一鋭將帥師解之可矣文忠曰浙東門戶在諸暨諸暨苟不守郡縣必致繹騷故虜盛兵東向而使遊兵泝釣臺以綴我師我不往脫有弗靖嚴其能獨利乎乃屬大將三人爲居守遂行去城十里而軍新城守將胡德濟謂賊勢盛盍俟大軍文忠曰

俟大軍。城爲彼有矣。將在謀。不在衆。遂誓師而鼓之。曰彼衆而囂。我寡而整。且聞彼之輜重山積。是天以富賜若也。勉之。戰既合。文忠乘匹馬挺身先入陷其中軍。中軍虜之精銳所萃。見文忠至。競來迫之。搶屢及膝。文忠馬上運戟。捷如風雨。當其鋒者應手而仆。虜氣皆讋。左右翼及諸軍一齊奮擊。聲振天地。軍遂大亂。時溪洞兵猶觀望欲集兩山之民。呼曰虜敗矣。虜敗矣。遂皆弃甲而奔。我軍乘勝逐北。斬首如刈麻。前後蹂躪死者萬餘。溪水爲之不流。委棄鎧仗芻粟。彌亘數十里。伯昇僅以身免、丙午、總水陸兵下江浙、取桐廬新城富陽、進攻餘杭、杭帥潘原明使其員外方彝納款、文忠詰之曰、兵未交而遽納款、得毋為緩師計乎。彝謝曰、王師所過秋毫無犯。杭雖孤城。生齒百萬、擇所托而來。尚有他意乎。文忠於是引入卧內、歡笑款接、因命條畫入城次第、翌日遣歸、原明遂封府庫、藉軍數出降、文忠營於麗譙下、令曰、敢有擅入民居者斬、有一卒下借民釜、立磔以狥、洪武二年、從開平王遇春北討、克上都、走元君、獲其士馬萬計、俄而開平卒、文忠代將、　詔移兵陝西、與大將軍合而攻慶陽。行次太原，慶陽則已平，而虜東攻大同甚急。文忠曰：「兵可無西也，援大同便。」軍吏以爲疑，文忠按劍叱曰：「閫外之事，吾得而專之。敢言不援大同者斬。」遂出鴈門，次馬邑，敗其邏騎數千，擒劉平章，進次白楊門，擒四大王。前軍已去虜五十里而營，文忠遽移之五里前，阻水自固。虜果夜率衆來刦，我不可動。質明，文忠望見虜益大至，乃以二營委虜，俾死戰。久之，度其饑疲，乃選精兵爲左右翼，奮擊大破之，擒其驍將脫列伯，降衆萬餘，窮追至莽哥倉，不見虜而還。洪武

文忠與虜將蠻子哈剌章戰于阿魯渾河文忠馬中流矢指揮李榮急以所乘馬授文忠自奪虜騎乘之文忠策馬橫槊麾衆更進虜遂敗走追至青海虜兵又集文忠勒兵據險椎牛享士縱所獲馬畜於野示以閑暇居三日虜疑有伏不敢逼乃遁去洪武

寧河鄧愈守饒州總各營軍馬襲浮梁取樂平饒境悉定時吳宏既歸上　上因其兵使取撫州撫州帥鄧克明欲與宏拒而畏愈强乃遣人詐獻地以緩我愈詗得之即率勁兵間道夜馳二百里黎明下其三門克明单

騎走旁邑、自度不免、乃以分省印、及所掠撫州等四路
南豐十八縣印詣降、遂定撫州。洪武
上既命信國湯和營中都宮殿、即賜第中都、已而念日
本數倭盜、爲和曰、我欲固我封戍、卿雖老、强爲一行、於
是使和行、視山東登萊淮揚吳越閩嶺濱海要害、築城
凡數十、民取一丁、爲兵戍之。洪武
思州諸洞蠻作亂、信國湯和討之、時蠻寇出沒不常、聞
王師至、輒竄匿山谷、退則復出剽掠、和等師抵其地、恐
蠻人驚潰、乃於諸洞分屯立柵、與蠻民雜耕、使不復疑

久之以計擒其渠魁餘黨悉潰洪武

黔寧沐英副潁川侯傅友德征雲南梁王把匝剌瓦爾密遣其司徒達里麻選甲十萬來拒駐兵曲靖英謀於友德曰雲南兵屯曲靖必以我軍深入疲勞且以程計謂未能猝到我若兼程而進出其不意此批亢擣虛之術也曲靖一破可傳檄而定友德然之遂乘大霧進至白石江阻水而止頃之霧斂則兩軍相望達里麻見之大驚以爲神兵飛至倉皇失措友德欲濟師英以諸軍嚴陣若渡者令彼悉精銳拒於水上而奇兵潛從上遊

遶出賊後，吹銅角以張聲勢，仍於山谷間樹幟爲疑。達里麻驚懼，急撤陣後軍禦之，水上軍覺之，心動而陣亂。英乃拔刀麾兵以濟，士有猛而善泅者數百人，皆蒙盾而渡，以長刀仰砍，岸上軍却，我軍畢濟，勁戰數合，猶未分勝負。英察其氣已衰，縱鐵騎直擣中堅，所向披靡，遂生縛達里麻，賊大潰，僵屍百里，直抵雲南，諸郡皆下。獨大理酋段世據南詔皮羅閣故城不服，英遣都督胡海洋夜四鼓由石門間道渡河，繞出點蒼山後，攀崖緣木而上，據其巔，樹旗幟以亂之。昧爽，我軍抵下關者望之踴躍讙譟，酋衆大亂，遂斬關而入，拔其城，擒隆世，移兵取車里，平緬不浹月，雲南郡邑悉平。洪武麓川宣慰思倫發聚衆三十萬，戰象百餘，來寇定遠，沐英選卒三萬拒之，置火銃神鎗於前，作三行，參差而陣，相繼發，以却象，大軍乘之。馮誠領前軍，甯正、湯昭爲左右大戰，左軍小却，英令左右斬左軍帥首，左帥遥見，一人拔刀馳下，即麾衆復前，英責戰益急，不移時，寇大敗，斬首三萬餘級，象悉被矢，如蝟以死。明年，復平東川，破叛酋阿資。初，阿資之遁也，揚言曰：國家有萬軍，尤之勇，而

我地有萬山之險豈能盡滅我輩英乃請置越州馬隆二衛扼其衝要又分兵追捕至是勢窮遂降 洪武

成祖舉兵靖難首用張玉策奪非平九門撫順鋤強三日城內外悉定師將南出玉曰不先定薊州將爲後患會馬宣起兵薊州迎拒玉攻之執殺宣是夜急走遵化戒將士止殺曰師行以得人心爲本簡敢勇士四鼓登陴開其城門將士皆入城中始覺守將率衆拒戰執殺之不傷一人遂畧永平密雲皆致其精甲以益師還率所部從上至灤河玉進曰都督潘忠楊松在漠州阨吾

南路。宜先擒之。上立發兵，曰：汝爲先鋒。遂克涿州、雄縣，擒潘、陽二都督。時長興侯耿炳文以二十萬軍眞定，玉請單騎覘之，還言軍無紀律，且其上有敗氣，急擊勿失。諸將猶以兵力不相當難之，玉曰：彼衆新集，我軍乘勝，一鼓可破也。遂前薄眞定，大敗其軍，獲其左右副將李堅、甯忠等，斬首三萬級。復敗安祿侯吳傑軍輕騎馳救永平，走江陰侯吳高，因言大寧去此不遠，請移軍襲之，可免後顧。上從之，遂攻大寧，斬大帥朱鑑，復致其精甲。益師北平，報李景隆兵圍城急，遂還救北平，突騎往返若風雨大敗景隆軍北平圍解從攻廣昌大同悉下之諜報景隆收潰卒及後軍未傳者號百萬且復至玉言兵貴神速先事者勝請往駐白溝河以逸待勞上命玉率衆馳駐河上三日景隆兵至玉以騎兵接戰景隆復大敗追擊至濟南圍其城不下還取滄州獲其將徐凱進攻東昌敵列陣決戰　上以數千騎繞出陣後敵圍上數匝衝擊得出玉不知上所在突入敵陣大戰連殺百數十人玉竟被創歿　上哭之慟永樂

東平王朱能事成祖藩邸建文初　上以强大見猜三

司諸大吏受密旨謀逮之勢且迫能與張玉丘福直入倡言曰大王高皇帝親嫡子最長而賢武朝廷不察乃以吳濞見擬今諸宄謀定矣即無論大王我曹亦安能坐待俎醢也上召能前曰彼軍滿城市吾兵少恐不足辦事能對曰先擒謝貴張昺餘無事矣上善之遂以計擒二人明日遂奪九門撫綏城中外三日大定即引兵東拔薊州下遵化襲破大寧還兵破雄縣漠州長驅至真定與長興侯耿炳文之大軍遇能挺丈八長矛圍二拱餘從敢死士二十餘騎突入其陣瞋目大

呼所向皆辟易靡衆乘之遂破其陣斬獲數萬再戰滹沱河復大呼馳而躪之遂潰生俘三千餘盡死還鄭村壩破九門兵又敗平安兵白溝河窮追至濟南戰敗之鏵山下進攻東昌盛庸鐵鉉力戰圍上數匝平安兵又至圍益急能率胡騎奮力擊其東北角於是西北角抽兵漸薄上突出還營遂進戰夾河能以奇兵爲軍鋒冠軍遂大敗盛庸兵藁城追奔至真定斬首萬餘乘勝畧彰德及定州掩水西寨克東阿進攻東平盡破汶上諸寨至小河王真戰死上與諸將議咸氣讋請班師能

獨按劍奮罵諸將曰漢高祖十戰九敗終有四海今舉事連捷小挫輒歸更能北面事人耶諸將皆大不忠當斬衆遂定　上遂縱兵深入至靈璧盛庸平安等合兵六十萬依潼山爲陣能率李遠等設奇四面進攻虜平安及陳暉馬溥徐眞等三十餘將降十萬衆渡江斬金川門關而入遂定京師

永樂

定興王張輔永樂四年代成國公爲大將統二十五將軍兵八十萬討交趾入賊境賊沿江列柵六七百里水陸拒守我師至江口破其堅壁輔行視諸城獨多邦最

大可駐軍而特高峻下設重濠濠外復爲坎坎外皆蒺藜而士馬甚盛輔乃懸重賞募死士爲雲梯夜緣附而上賊于城中列象陣以鬪輔夙具繪獅蒙馬而衝之象皆股栗退走矢石齊發呼聲動天地賊大潰遂進攻破交州乘勝引兵歷清化覆其巢穴降夷民十餘萬季犛遁入海督舟師進攻斬馘數萬追至奇羅海口擒季犛并其二子蒼澄交南平得郡縣一百三十四戶三百一十二萬行求故王陳氏之後不得因遂上議郡縣其地置交趾都布按三司六年交賊簡定又反輔率師二十

萬討之七年，獲簡定，召還京。八年，交賊陳季擴又反，稱復陳氏，輔又出討之，鹵斬萬計，走酋帥鄧景異，而季擴乃使使告系故陳王後，興滅繼絕，惟上國圖之。輔怒曰：嚮者廣求陳王後不應，而今乃稱陳王後者，詐也。且若已反矣，即真陳王亦僇不赦。梟使者首以殉，麾兵促之，至愛子江，登岸，賊設象伏，輔偵知，令先驅曰：羣象來衝，一矢落象奴，再矢披象鼻，衆奔還自相蹂，大軍乘之，賊敗。十二年，縛季擴，縶景異，振旅朝京師，尋以征夷將軍鎮交趾，盡平餘寇。永錄高帝爲濠帥子興大校，召滁陽李善長被書生服道謁，上與語天下大計合，遂收之爲掌書記，遷參謀，尊精爲上謀策。諸將有來歸者，善長與語，察其材，言之上，復爲上布款誠，使得自安，而中有以事力相猜嫌者，委曲調護，俾不至齟齬。上出襲雞籠山寨，留少兵佐善長守，曰：敵至謹自保。元謀知和陽兵少，亟來襲，善長設伏大敗之。上悅曰：孰謂而㕓㕓握算者也。因謀渡江，拔采石，取太平。上之發采石也，與善長謀，置榜諭士卒，有虜掠者必斬，凡遇入城懸之，以故軍士秋毫無犯，帝克江州兩平洪都援安豐討廬州下武昌善長皆居守轉調兵餉未嘗乏絕將吏帖服居民安堵上爲吳王拜公右相國始公請榷兩淮鹽立茶法既復制錢法于洪都設三局湖廣開鐵冶定魚稅諸利孔雖若煩悉而裁取有衷民不爲困國用益饒公又與御史中丞劉基等裁定律令　上即位率禮官進議郊社宗廟禮定六部尚書以下官制議官民喪服三司朝賀東宮儀朝臣大小服色俸賜天下嶽瀆神祇名號　封建藩國功臣爵賞上以中原地自兵興以來田多荒蕪　命議民授田

設官領之於是善長議置司農司於河南司設卿一少
卿二丞四主簿錄事各二從之七年　上謂善長濠州
吾鄉里兵革後人少田荒其於富庶處取起數十萬散
居濠州鄉村給與牛種使之開墾永爲已業數年之後
豈不富庶遂移江南民十有四萬詣濠　命官監墾以
善長總之　洪武
宋國馮公勝與兄國用皆驍勇饒智畧國用謁上　上
顧國用儒服謂曰若書生耶試爲我言安出國用曰建
康龍蟠虎踞　帝王都會其帥懦弱不任兵宜急擊下

其城、據以號召四方。天下不難定也。上大悅、遂召致左右、俾預進止機宜、當李善長亞而有所攻戰、輒擐甲直前奮擊、時國用已進勝、上尤愛異之、兄弟俱備宿衛、從克滁和、取太平、上大破陳也先兵、盡覆其衆、獲之赦也先、與盟歃血而嘔、國用曰其人必叛、叛形見矣也先果叛、而爲其下所殺、子兆先復擁大衆、與中丞蠻子海牙、分水陸而軍、衆各數十萬、國用等破降之、上選降卒驍勇者五百餘人爲宿衛、獨國用與勝擐甲侍帳中、上寢息自如、五百人皆感服、上即以屬國用

勝將而攻金陵先登復從取鎮江取寧國從征金華進平紹興國用功最多屬疾卒上哭之慟明年勝代爲都指揮使洪武

元丞相納哈出擁大衆由金山數窺伺爲邊患上拜馮勝征虜將軍總兵三十萬往討而復遣故所獲納哈出部將乃剌吾奉璽書諭之降勝等至通州諜虜有屯慶州者遣永昌侯藍玉以輕騎乘大雪掩之殺其平章杂來大獲士馬而還勝出松亭分築大寧寬河等四城遂駐大寧踰兩月留兵五萬守大寧以全師壓金山

納哈出見乃剌吾而驚曰爾尚在乎乃剌吾頗為述
上恩德且示以富貴納哈出喜即遣其左丞探馬赤等
至勝軍獻馬初納哈出分其衆為四人畜輜重富于元
主不肯預朝會　召之亦不往勝大軍直前逼納哈出
虜不敵乃因乃剌吾請降勝使藍玉以輕兵往受之納
哈出覘知我兵盛遂率數百騎詣玉約降玉大喜出酒
與飲納哈出別酌所携酎酬玉玉讓之先納哈出即先
飲復酌酬玉玉解衣衣之曰請服此而後飲納哈出不
肯服玉亦持弗飲久之納哈出取酒澆地顧其下咄咄

至將脫去時鄭國公常茂在坐茂麾下趙指揮者解胡
告茂直前搏納哈出大驚起欲就馬茂拔刀斫傷其
不得去都督耿忠遂擁之見勝時納哈出所部將士
妻子凡十餘萬在松花河者聞而驚潰勝遣降將觀童
往諭之亦降凡四萬騎并得其各愛馬所部凡二十餘
萬輜重亘百餘里勝以禮宴待納哈出令耿忠與同寢
食遣使奏捷罪狀鄭國公　上聞大悅使使諭勝等所
以勞　賜納哈出玉帶龍衣及其部曲金幣無算械鄭
國公茂至京洪武

潁國公傅友德從擊友諒於鄱陽湖身被數創戰益力手殺數百人友諒死第功最從征武昌城東南有高冠山下瞰城中　上顧諸將誰能奪此友德即率萬人先登一鼓奪之流矢中頰鏃出腦後復洞脇不爲沮乙巳攻安陸與元守兵戰身被九創甲午破張士誠援兵於馬騾港復大破元將竹貝于安豐所過焚其積聚　上即吳王位命友德安彭城而王保保之大將李二來寇勢張甚友德度兵寡不敵詗其衆出掠率步騎二千自呂梁渡直取擊之賊將韓乙迎戰友德單騎奮槊刺之

墜馬走虜賊且後至開城門陣于野使皆臥槍以待聞
鼓卽起李二果盛兵至輕我師寡競而囂友德鼓之士
騰躍搏賊遂敗之縛李二以獻大將軍北征從下沂靑
元丞相也速率數萬騎來爭大將軍設伏友德以輕騎
五百爲誘師敵追至伏而廻師擊之伏盡發也速敗走
遂取萊陽洪武元年從克汴梁河南衛輝廣平臨淸滄
德進克元都以精騎偵邏古北諸隘掩其殘卒略大同
還狥保定中山眞定擣太原擴廓帖木兒遁敗賀宗哲
于石州二年從取陝西三年克沔漢蜀將吳友仁謀復

漢中兵大至守臣告急友德以精騎三千攻斗山寨夜令人人持十炬列山上蜀兵驚遁還　封潁川侯洪武

洪武三年議伐蜀上命湯和廖永忠由瞿塘以舟師趣重慶傅友德由秦隴以步騎趣成都上復密諭友德謂蜀人聞我西伐必悉精銳東守瞿塘北阻金牛以抗我師若出其意外直擣階文門戶既隳腹心自潰兵貴神速但患不勇耳友德至陝揚言出金牛潛使人覘階文守備寡即趣陳倉選鋒攀緣山谷晝夜行大軍繼至直抵階州蜀斷白龍江橋阻我友德督兵修橋以渡

拔文州，渡白水江，遂趨綿州，阻漢江不得濟，造戰艦以濟師。欲通軍聲于湯將軍，爲木牌數千，書克階文綿日月，投漢江順流下。蜀守者見之解體。夏丞相戴壽、大尉吳友仁悉衆守瞿塘，聞友德破階文，乃分兵還援漢州，保成都。未至而友德已逼漢州，敗其將向大亨城下。壽等至，友德曰：彼勞困遠來，聞大亨敗，衆必洶洶，可一戰擒也。迎擊大敗之，拔其城。湯將軍駐大溪口未進，獲友德所書木牌，遂趨夔州。友德降成都，湯將軍亦克重慶，蜀地悉平。洪武

洪武十四年　上計取雲南、命傅友德爲征南將軍、副以藍玉沐英諸徹侯大將步騎三十萬、上示友德以規取之計。當自永寧先遣驍將將別軍向烏撒。大軍繼自辰沅入普定。分據要害。乃進兵曲靖。曲靖、雲南襟喉。彼所必守地。下曲靖。以一軍趣烏撒。應永寧之師。大軍直擣雲南。彼此牽制。破之必矣。下雲南。大理必次下。餘郡邑部落。可撫而有也。友德至湖廣、分遣都督胡海洋等選精卒五萬由永寧趣烏撒、而自率大軍由辰沅趣貴州進攻曲靖、達里麻來拒戰、友德用副將軍英策、勒兵至白石江與相拒，揚聲欲渡，而別遣將以精卒數千，潛從下流掩其背。衆亂，友德乃麾衆畢渡，悉師薄之。副將軍英馳鐵騎擣其中堅，下流之師表裏合擊，遂大破，擒達里麻。遂自率師循格孤山而南，以通永寧之兵，直擣烏撒，而遣兩將軍趣雲南。梁王走死。時羣蠻聚兵赤水河，聞大軍至，皆遁去。友德遂城烏撒，工甫集，蠻復大至。友德故持重不戰以老之，士踴躍思奮。友德度其可用，下令曰：我軍深入，有進無退。彼既遁而復合，心必不一，疾并力勦之。乃前爲陳。蠻蠭集，友德鼓士騰起大

破其衆蠻遁遂城之得七星關以通畢節又克可渡河于是東川烏蒙芒部俱請降而副將軍藍玉等復進兵下大理諸郡雲南悉平　洪武

凉國公藍玉始以征西番功封永昌侯已同潁川侯友德征雲南同宋國公勝征納哈出有功遂即軍中拜征虜大將軍代宋國公踰年諜虜主脫古思帖木兒在捕魚兒海率勁騎十餘萬自慶州間道襲之用定遠侯王弼謀戒諸軍皆穴地而爨毋令虜望見烟火距其營八十里遂直前薄之虜始謂我軍乏水草不能深入不

設備會大風揚沙晝晦軍行虜皆不知虜主方欲北行整軍馬皆北向忽大軍至其太尉蠻子率衆拒戰敗之殺蠻子衆遂潰虜主與其太子天保奴等數十騎遁去獲其次子地保奴后妃公主百三十餘人搜林莽降獲官屬男婦八萬人玉璽金印圖書及馬駝牛羊十五萬又破哈剌章營獲人畜六萬洪武

廖永安屯巢湖為左君弼所窘聞太祖駐和州遣人詣和納款乞援上親率兵至巢湖援之永安與弟永忠等迎上登舟出湖口中丞蠻子海牙集樓船塞馬腸

河以阻諸兵、上歸和州、集商舟、多載猛士、至黃墩與中丞戰于裕溪、敵舟高大、不利進退、永安等操舟如飛、左右奮擊、大敗之、獲閘船一十五艘、由是從容侍　上還于和州、六月朔、永安引舟從渡江、時西北風順、舳艫齊發、永安舉帆前行、向牛渚磧、刻及岸、守者大駭、出兵來拒、　上麾甲者以進、敵一、及支即走、諸軍奮擊、采石兵驚潰、遂拔之、乘勝徑克太平、蠻子海牙僅以身遁、攻集慶、克鎮江、圍常州、取江陰、宜興、無錫、永安皆有功、戊戌六月、士誠兵寇常熟、永安與戰於福山港、大敗之、復破之于通州狼山獲其戰艦而還八月永安復率舟師擊士誠衆于太湖乘勝深入後軍不繼俄水淺舟膠與戰不利遂爲所獲士誠欲降之永安不屈遂拘囚之後徐達援常州士誠弟士德來戰達遣王玉擊擒士德士德毋痛之議歸永安以易上不從士德死永安竟不獲歸洪武

陳友諒破姑熟將窺建康　上召康公茂才密諭之曰友諒且入寇吾欲速其來分其力紿以虛實非汝莫可使者汝與友諒舊可僞降約爲内應者友諒來吾事濟

矣對曰家有老閽舊事友諒令持書往必信茂才爲書言上不足與有爲兵弱地蹙四面勁敵僕委身圖册欲奮拔鱗翼倘大將軍分道遞進便當納款建康可唾手得也友諒得書大喜問康公安在曰守江東橋問橋何爲曰木橋遣閽者歸書荅云余某日至橋所呼老康公即我應内外奮擊功成官賞不爾吝茂才以書上上曰虜且墮彀中矣即命李善長日夜易橋鐵石友諒至見鐵石橋愕然文連呼老康不應遣覘營中瘠馬敝旗四散落落益大驚曰老賊紿我語未畢伏兵四起友諒

狼狽走得脫擒殺將士數萬洪武

越國公胡大海從　上攻金陵下京口常州輒先登已

佐鄧將軍守宣州取徽嚴大海以蘭谿去嚴密邇蘭谿

下則婺之右臂先斷遂引兵下蘭谿已亥收諸暨衢處

庚子攻信州拔之改信州爲廣信府時信方絕粮人皆

勸大海還師大海曰此閩楚襟喉地也可棄乎乃繕城

浚濠爲堅守計辛丑　上以婺浙東大郡通甌引越

命大海守金華壬寅苗軍帥蔣英叛刺殺大海李將軍

下杭縛英至京　上命懸大海像市曹刺英血祭之

贈越國公祀祭晉卞壺廟大海嘗曰吾不知書吾行軍惟知有三事而已不殺人不虜人婦女不焚毀人廬舍以故所至健兒驩附編氓寧輯有祭征虜之風洪武

號國公俞通海從　上征友諒克銅陵湯九江掠蘄黄友諒遁還武昌還軍擊叛將祝宗復南昌　上曰斷友諒臂矣已而友諒圍南昌　上率通海等西援友諒解圍東出鄱陽湖逆戰通海乘風捭七舟載葦置火藥入敵水寨焚其戰艦數百獲友仁友貴賊稍退明日復以六舟深入鏖戰敵聯六艦擁蔽悉撚刀以死拒我師望

六舟不復見，意已陷沒，少頃，六舟飄飄而出，旋繞敵舟，勢如遊龍，我師見之，勇氣愈倍，戰益力，呼聲動天地，敵大敗，移舟扳水寨，遁去。我軍先柵罡于口，及横截左蠡，遏敵歸路。遁海曰：湖有淺，舟輒膠，盡移兵入江，據敵上流，彼舟若入，即成擒也。敵見我水陸結寨，不敢出，糧盡益窘，繞下流欲遁，遁海追敗之，友諒死。洪武

梁國趙德勝協守南昌，癸卯，漢圍南昌，德勝出戰，射殺漢僉指揮，漢益兵晝夜急攻城，城且壞，德勝督諸將死戰，且戰且築，城壞復完，友諒盡攻擊之術，而德勝贊畫

軍中分部將士隨方應敵剪獲甚衆巡城至東門敵發
𥈖張弩中其腰膂箭深入六寸即拔出拊髀嘆曰吾自
壯歲從軍傷於矢石屢矣其重無踰於此者豈命也夫
然大丈夫死即死耳復何憾所恨者不能從　主上掃
清中原稍效微勳垂令名於竹帛爾卒年三十九軍中
涕泣相弔德勝沉鷙簡靜剛明質直臨難不懼馭下嚴
肅號令一行旌幟改色是以戰無不勝及從大將征伐
尤能恪守軍令不敢違尺寸君子以此多之洪武
上命吳良守江陰時士誠據姑蘇跨有淮東浙西地大

物衆、江陰當其要衝、枕大江、扼姑蘇通州濟渡襟喉、之
地、士誠又多變詐、動以金帛啗誘將士、公行、上諭之
愼守封疆、約束士卒、毋外交、毋納逋逃、毋逐小利、毋與
爭鋒、惟保境安民而已、寇逼常州、良遣兵間道截其援
兵於無錫、自是敵舟師不敢泝大江、良在鎮、仁勇不妄
刑殺、儉素自持、食不二味、夜宿城樓、枕戈警備、屯田平
徭、禁惰、詰姦、居十年、封境帖然、上屢將兵下江西湖
廣、而東藩竟無擾者、皆良捍蔽力也、洪武
滕國公顧時、從伐吳、攻昇山水寨、時引數舟、繞士誠兵

船、吳兵俯而笑、時曰、敵怠矣。率壯士數人、躍入其舟、大呼奮擊、餘舟競進、薄之、敵大敗、遂以舊館降、從征中原、轉戰關隴、皆有功。爲左副將軍、平蜀、又從李將軍北征、分道入沙漠、迷失道、糧盡、遇虜軍、疲乏之、不能戰、時獨引麾下數百人、躍馬大呼、衝擊虜、敗走、遂掠其輜重糧馬還、軍復大震、總諸衛軍鎮北平、築堡障、練士伍、繕甲兵、廣牧畜、逾年　召還、尋復出鎮北平、洪武

海國吳公禎、助兄吳良守江陰、首破僞吳張士誠水寨、擒其梟將朱定、丙午、寇出馬馱沙、　上親督戰、寇乘潮

逆拒，首尾相失，禎縱兵急擊，俘獲無算。已從大將軍取
湖州，禎勒奇兵出舊館扼之，大捷。從攻蘇州，破胥葑二
門，士誠就執。方谷真未下，從信國公徃平之。禎引舟乘
潮夜入曹娥江，夷埧通道，出其不意，直抵車廄，會降者
言方氏已潛挈家入海，禎領兵追于盤嶼，敗之，谷真降。
洪武元年，擒陳友定于延平。三年，封靖海侯，大軍戍
定邊，禎總舟師數萬由登州轉餉。召還未幾，海上警
聞，復領沿海兵出捕至琉球大洋，獲倭船，獻俘。自是時
時往來海道數年，海上無警。洪武

毛湖盧萬戶府元軍將也太祖命大將軍征之未下頗憂禎請行臨發製二袋獨身潛至千山堂值賞元宵逕前斬其夫婦囊首而出不日獻于朝太祖由是疑之洪武

營國郭公英初從上征武昌漢陳僉同者驍將善槊馳入中軍帳下上方坐胡床遽呼曰郭四爲我殺賊英持鎗躍馬奮臂一呼賊應手斃上解所御赤戰袍衣之曰唐尉遲敬德不汝過也大將軍遣英取通州英距城三十里爲營深溝高壘爲持久計衆請速攻之英

曰吾師遠來敵以逸待勞攻城非我利也宜出不意破之翌日大霧英以千人伏道傍率精騎三千直抵城下元將五十八國公師敢死士萬餘張兩掖而出與戰良久英佯敗彼乘勝來追伏兵中起截其軍爲兩道斬首數千級俘元宗室[illegible]王遂破通州克永平真定復從常將軍攻太原王保保軍于城西英憑高望之謂常公曰彼兵多而不整營大而無備請夜劫之常公乃遣五十騎伏城東十里英率十餘騎潛入其營舉火鳴砲伏兵亦舉火鳴砲常公引兵繼至鼓譟聲相接保保軍

大潰自屠戮乃棄城遁後從潁川侯傅公征雲南攻赤水河路距河二十里爲營時久雨河水暴漲英曰賊恃水漲不意吾濟下令諸軍斫木造筏夜半濟河比曉賊始覺遂大潰連破諸寨斬首一萬三千餘級收精兵人馬數萬蠻民降者數十萬雲南諸路平洪武

夏國公顧成容貌魁岸有膽畧生平負氣見强暴必摧折之能亂流而濟文其身禦水怪人目之顧花子丙申來歸從元帥至鎮江與勇士十二人奮戰直抵城下無敢當其鋒者會日暮守將集衆執縛至江上已戮十一

人成奮起蹴執刀者什之以身轉至水次適遇撅舟者投以斧成得斧絶其縛乃泝江而上遇舟師桑院判因語衆曰鎭江無戰士可破也衆從之攻其城克之克帳前親兵常擎蓋侍　上出入忠謹無過從征陳友諒舟膠于淺篙工數十百人無如何成獨奮躍以背負舟舟泆然行　上壯之擢指揮僉事從臨江侯陳德平蜀征重慶妖賊王玄保玄保遁獲其季父而縶力士以常服待季父泣呼曰官軍幸玄若安在玄保應聲出力士挺斃之并禽其黨萬戶李邦祖等從潁川侯傅友德征雲

南克普定因移守之蠻獠衆可二萬圍我四門諸將爭
言戰成曰彼衆我寡出則坐見短矣俟其及柵然後可
及柵擐甲乘馬出北門手殺前拒者十許人諸將噪而
出東西門賊却逐之各有斬獲而縱一人使語圍南門
賊夜盡發爾留期賊聞角聲懼而遁圍解俘斬凡八百
人擢指揮使普定土知府者額以成惟制嚴心不便將
傳及焉其黨以語金筑安撫密定密定告成成執首者
以聞者寃貶死罷府以民隸衛設三州六長官司成舉
諸校有功及酋可任者官之分弃前患布昭恩信民夷

樂業廣西泗城知州岑張兄弟仇殺成以一介爲媾而定擢貴州都司都指揮同知征康佐諸長官司九十九寨悉破降之命討水西酋復克征南將軍鎮貴州征五開六洞破一百三十七寨進右都督建文三年從盛庸至眞定戰敗被執成祖釋而用之遣侍仁宗居守有功封鎮遠侯洪武

洪武元年以廖永忠克征南將軍率舟師由海道取兩廣先遣人以書至廣東諭元江西分省左丞何眞曰乃者元君失馭天下土崩豪傑之士乘時而起分割州縣

竊據疆土。或假元號令。或自擅兵威。暴征橫斂。蠶食一方。生民塗炭極矣。今天子受天明命。肇造區夏。江漢底定。閩越帖服。中原之地。相繼以平。惟兩廣僻在遐方。未沾聖化。兹受命南征。順者撫綏。逆者誅殛。輒遣使相告。惟留意焉。師至潮州。何真遂上印章。并所部圖籍來降。僞參政邵宗愚聞王師入廣。遣其黨羅元祥詣軍門降。以覘軍勢。永忠謂曰。欲降則降。毋虛言以相款也。宗愚遷延累日。竟不至。永忠知其詐。乃下令往攻之。夜二鼓發兵直抵其寨。詰旦破之。獲宗愚。斬于廣州。由是所郡

悉傳檄而定兩廣平遂還定泉漳封德慶侯洪武
廖永忠副湯和伐明昇和克歸州駐師大溪口永忠率
所部舟師先進至瞿塘關蜀設鐵鎖飛橋橫據關口我
師不得進永忠密遣數百人舁小舟踰山度關出上流
人持糗糧水筒禦饑渴蜀山多草木將士皆衣青蓑
衣魚貫出崖石間蜀人不覺度已至率精銳出墨葉渡
分兩道夜五鼓攻水陸寨將士皆以鐵裹頭船載火器
而前黎明蜀人始覺盡銳來拒永忠已破其陸寨矣既
而將士舁舟踰山出江者一時俱發上流揚旗鼓譟而

下蜀人大駭下流之師亦擁舟前進發火器夾攻大破之斬其將遂焚三橋斷橫江鐵索斬溺死者無算永忠入夔明日湯和兵始至永忠乃與分道並進和率步騎永忠率舟師會重慶永忠抵重慶次銅鑼峽昇遣使詣軍請降忠俟和至受降下令將士不得侵掠撫諭向大臣戴壽等家令持書往成都招諭遣指揮萬德送昇等并降表京師蜀平洪武

定遠侯王弼初從常將軍圍蘇州軍盤門士誠被圍久突出轉戰欲奔常將軍分兵非濠截其後遣兵與干良

久夫奕常將軍拊弻背曰軍中皆稱爾猛將能爲我取此乎。弻即馳鐵騎揮雙刀奮擊郤敵常將軍乘之兵大敗人馬溺死沙盆潭甚衆士誠馬驚墮水幾不救肩輿奔入城吳平從征中原下山東河南北遂克元都進兵太原取陝西討西番獲馬牛羊駝二十二萬洪武十二年封侯洪武

大將軍藍玉聞虜主脫古[illegible][illegible]木兒在捕魚兒海率師從間道兼程進師至百眼井哨不見虜欲引兵還弻曰吾等奉　上威德。提十餘萬衆深入虜地。今畧無所得。

遽言班師恐軍麾一動難可復也徒勞師旅將何以復
命玉深然之因教玉令諸軍皆穴地爨毋見烟火師遂
進黎明至捕魚兒海南飲馬偵知虜主營在海東北八
十餘里玉以弼爲前鋒直薄其營遂大敗之洪武

東丘侯花雲從　上於臨濠　上使將兵畧地　上將
取滁州雲單騎前行遇賊數千人于道拔劍躍馬衝其
陣而過賊驚曰此黑將軍不可與爭鋒兵既至遂克滁
已從　上取和州克太平下鎭江丹陽丹徒金壇諸縣
過馬馱沙劇盜數百遮道索戰雲且行且戰三日夜皆

禽殺之丁酉克常熟秋以兵三千至寧國陷山澤[illegible]者
八日群盜蟠結梗道雲操矛鼓譟出入營壘間[illegible]首千
百計而身不中一矢還命守太平庚子陳友諒入寇
雲竭力禦之友諒不得入乃以巨舟乘漲泊城下令士
卒緣舟尾攀堞上城中乏食雲與士卒俱憊不能戰城遂陷
友諒縛雲急雲怒罵曰賊奴縛吾吾主必滅爾斬爲膾
奮躍太呼縛皆絕雲起奪守者刀連殺數人賊亂擊雲
碎雲首縛寘舟檣叢射之妻至死罵不輟洪武
宣寧侯曹良臣守通州故元丞相也速侵通州衆號萬

餘、營白河時、城兵僅千人、良臣曰、吾兵少不可與戰、彼衆雖多。然亡國之後。屢挫之兵。可以計破。乃遣指揮仵勇陳泰等沿河、舟中樹赤幟、亘三千里、鉦鼓之聲相聞、也速以援兵至、遂引退、良臣復出精騎渡白河擊之、追至薊州、不及而還、洪武

長興侯耿炳文守長興、張士誠遣兵來寇、出擊大破之、追至瑣橋、又敗、敵自是挫衄、不敢犯、首四年辛丑冬、士誠遣將李伯昇盛兵寇長興、炳文嬰城固守、長興□復完甲辰、士誠遣弟士信來侵、炳文出擊、又大敗之、□□是士

誠奪氣不敢復圖長興長興據太湖口陸走廣德宣歙勢連浙西嘉杭炳文守禦孤城血戰卒保無虞士誠南軼之路厥功甚鉅洪武

誠意伯劉公基初謁上金陵陳時務十八策　上大悅俄陳友諒傾國入寇　上欲發兵禦之而衆恇擾不決有請背城借一者有以鍾山王氣請奔據者有勸納款者基後至獨張目不言　上爲起入內趣　召基基言先斬主納款者奔鍾山者　上固問計安出乃曰賊驕矣誘之深入而伏兵徼取之故易易耳取威定覇在此

舉。而言納款及奔。何也。上于是決策誘破友諒盡覆其衆以克敵賞酬基基辭不受時　上雖以定江東稱吳國公而中書省設小明王座猶奉韓林兒基怒罵不。拜。曰何爲奉牧豎者爲　上陳天命所在　上感悟始定征討大計。師攻友諒之皖城不下基謂彈丸地。何足久勞師。友諒膽破矣。急進薄江州彼必遁。江州下皖城焉往。友諒果遁洪都將胡廷瑞遣子約降有所要質上難之基從後蹴所坐胡床　上悟而許洪都下　上嘗從容問曰吾欲取陳友諒張士誠而鯫生謂士[illegible]竊邇。且富而弱。宜先。若爲我策之。基對曰陳氏據上流竊名號。乃心無日忘我。此不宜久蘊。先之。取陳氏。亡張則囊中物矣。會友諒復攻洪都。上遂率師迎敵。大戰彭蠡湖。勝負未決。基請移軍湖口。以金木相犯日決勝。陳氏遂平。洪武

高皇帝渡江。得金陵。孫炎見。上。勸上養士以圖大業。上悅。戊戌從征浙東。爲行省都事。處州降。命爲總制。聽自辟掾吏。錢穀兵馬之柄。悉委之。不取中報。處州故賊衝。環城壁塢相望。不受約束。炎疋馬入城。召州豪

長跪堦下諭以順逆禍福曰吾生若無自爲滅宗計語氣懍慨甚民皆叩頭流血誓不敢有二心退而轉相告語孫使君仁武降者屬路炎乃擇精鋭爲兵即命其豪統之無寧皆遣歸農寇來以符召之至時上方事延攬秀民伏匿山谷中未肯出炎鉤致一二人問有才者爲誰今皆安在錄其姓名還使者以書招之青田劉基最知名使者再往不出以一寶劍奉炎炎以爲劍當獻天子斬不順命者我人臣不可私受作詩封還之係[illegible]卒數千言陳天時人事基不荅遂巡就見炎置酒與飲[illegible]

今歲敗如傾河決基深嘆服曰基始以爲勝公□論議若此。基何敢望公也。炎徒以口舌女反側郡　方征伐無一兵與炎壬寅苗將賀德仁李祐襲炎炎坐無援被幽空室中列卒環守炎紿之曰若縱吾吾能戒若事叛將蔣英疑之以炙鴈斗酒饋曰以此與公訣炎引佩刀割鴈舉卮酌酒仰天嘆曰嗟夫丈夫死死義爾賊死狗且不爾食卒怒持劍瞋目擬之炎飲酒自若食竟叱其解衣炎罵曰此紫綺裘吾　主上所賜。誰當解者。乃引枕而臥賊伺其睡害之年三十追封丹陽縣男妻王氏

爲賊所擒，不屈死。洪武

洪都被圍既久，内外阻絶，音問不通。朱文正乃遣千户張子明告急于建康。子明取東湖小漁舟，夜從水關潛出，越石頭口，夜行晝止，至是凡半月，始得達見 高皇帝，具言其故。 帝問友諒兵何如，子明對曰：友諒兵雖盛，而戰鬭死者亦不少。今江水日涸，賊之巨艦將不利用。又師久糧乏，若援兵至，必可破也。 帝謂子明曰：汝歸語文正，但堅守一月，吾自當取之，不足慮也。子明還至湖口，爲友諒所獲。友諒謂曰：若能誘城降，非但不死，

且得富貴子明爲許之至城下大呼曰大軍且至宜固守以待友諒怒遂殺之洪武

營陽侯楊璟既克永州遂引兵抵靖江城下屯于北關參政張彬屯關西朱亮祖亦帥師自廣東來會攻城越二旬不下璟語諸將校曰彼所恃者西城濠水耳當先取閘口關決其堤岸則破之必矣即日遣指揮使丘廣引輕兵攻閘口關殺其守堤兵決其堤濠水涸因築土堤至近與其城接以通士卒遂克其拓門元平章也兒吉尼有懼色其總制張榮與麾下裴觀以書繫矢射璟

嘗約降期以是夜來會既二鼓觀縋城出見璟璟備言城中備積空虛人無鬭志可立取之狀璟乃給白皮帽百餘俾歸爲識約四鼓從寶帶門入至期璟命指揮使吳興寧等率衆登城而入也兒吉尼閉變倉卒走追至城東伏波門執之亮祖德興各以所部兵入城惟彬尚屯南關彬始攻城爲守者所詬嘗恚曰城破之日當悉屠之比克城璟懼其縱殺下令曰殺人傷人及剽掠者死彬乃止衆心遂安洪武

洪武四年置定遼都衛使司以葉旺爲都指揮使[illegible]韓

遼東諸衛軍馬八年納哈出入寇旺知其將至令蓋州衛指揮吳立等嚴爲城守納哈出止不敢攻徑擣金州指揮韋富王勝等射殺其裨將乃剌吾虜勢大沮納哈出懼而退走以蓋州有備不敢經其城乃由城南十里外沿柞河遁歸旺策其將退先引兵移柞河自連雲島至窟駝寨十餘里緣河疊氷爲墻以水沃之經宿皆凝冱隱然如城藏釘板於沙未設陷馬穽於平地伏兵以待之命老弱卷旗登兩山間戒以聞砲即竪旗令指揮周鶚葉各帥兵以俟四顧寂無人已而虜兵至旺俟其

過城南砲發伏兵四起兩山旌旗蔽空鼓聲雷動大不
雨下納哈出倉皇非奔趨連雲島遇冰城馬不能前皆
陷入穽中遂大潰耿等俊身勝逐至猪兒營獲其士馬
無算納哈出僅以身免　洪武